Andreas Knoke · Anja Durdel (Hrsg.)

Steuerung im Bildungswesen

Andreas Knoke · Anja Durdel (Hrsg.)

Steuerung im Bildungswesen

Zur Zusammenarbeit von Ministerien, Schulaufsicht und Schulleitungen

Unter Mitarbeit von Sabine Knauer und Anja Grosch

VS VERLAG

Bibliografische Information der Deutschen Nationalbibliothek
Die Deutsche Nationalbibliothek verzeichnet diese Publikation in der
Deutschen Nationalbibliografie; detaillierte bibliografische Daten sind im Internet über
<http://dnb.d-nb.de> abrufbar.

1. Auflage 2011

Alle Rechte vorbehalten
© VS Verlag für Sozialwissenschaften | Springer Fachmedien Wiesbaden GmbH 2011

Lektorat: Dorothee Koch

VS Verlag für Sozialwissenschaften ist eine Marke von Springer Fachmedien.
Springer Fachmedien ist Teil der Fachverlagsgruppe Springer Science+Business Media.
www.vs-verlag.de

Umschlaggestaltung: KünkelLopka Medienentwicklung, Heidelberg
Redaktion: Sabine Knauer
Gedruckt auf säurefreiem und chlorfrei gebleichtem Papier
Printed in Germany

ISBN 978-3-531-17888-2

für Wolfgang Edelstein

Inhalt

Teil 3: Nachgefragt

Schulentwicklung braucht Demokraten. Ein Vorwort

Anja Durdel/Heike Kahl

Zum Thema des Buches

„Mit der Bildung ist es ein bisschen wie früher mit dem Lebertran: Alle finden es fundamental wichtig, aber das Reden darüber langweilt zu Tode", schreibt Mariam Lau in der WELT vom 22. März 2010. Der Befund, dass das Reden über Bildung nicht vergnügungssteuerpflichtig sei, trifft auf Bildungspolitik und -praxis gleichermaßen zu. Da ist von „Bildungsnotstand" oder „Reformstau" die Rede, von …, und man fragt sich, wer denn daran überhaupt etwas ändern könne.

Die Autorinnen und Autoren dieses Buches verpflichten sich dem Anspruch, ein durchaus vergnügliches Werk vorzulegen. Es handelt davon, wie eine gute Qualität im Bildungswesen damit zusammenhängt, wie Menschen einander begegnen, welche Rollen sie sich gegenseitig zuschreiben, welche sie einnehmen und in welcher Form sie miteinander umgehen. Es stellt sich damit der Annahme entgegen, das System sei schuld – egal, an welcher unsere Schulen betreffenden Misere –, und rückt die im Bildungswesen handelnden Akteure mit ihren Verpflichtungen (Müssen), ihrer Motivation (Wollen) und ihren Kompetenzen (Können) in den Mittelpunkt von Veränderungsaufgaben.

Prekär – und erst einmal nicht vergnüglich – ist, dass wir im Bildungswesen ein Verantwortungsvakuum vorfinden und dass Akteure „vergessen", dass sie über Gestaltungsmacht und -pflicht verfügen. Indem jedoch in Interviews unterschiedliche Rolleninhaber selbst erzählen, wie sie als Vertreter aus Ministerien, mittlerer Schulverwaltung und Schulleitung auf „Anweisungen von oben" warten – oder eben nicht –, werden Subjekte im „System" sichtbar. Handlungsalternativen scheinen auf, die relativ einfach herstellbar sind (*„[Der Schulrat] müsste jetzt nur seine Schulleiter nehmen, die an einen Tisch setzen und sagen: Ich schlage euch das und das vor. Wir machen das ab sofort so."*, s. Knoke/Hoffsommer i. d. B., S. 26). Und wenn schließlich anhand kleiner Sequenzen aus dem Steuerungsalltag im Bildungswesen gezeigt wird, dass die Welt und die Schule doch gestaltbar sind, entsteht vielleicht etwas wie eine Lust darauf, den gesunden Menschenverstand einzuschalten und danach zu schauen, wie gute Schule gelingen kann, wenn alle sachorientiert zusammenarbeiten (s. die Beiträge im 2. Teil dieses Buches).

Wem dieses Buch gewidmet ist

Als wir mit Wolfgang Edelstein, dem langjährigen Direktor des Max-Planck-Instituts für Bildungsforschung und Ratgeber der Deutschen Kinder- und Jugendstiftung (DKJS), das erste Mal über dieses Buchprojekt sprachen, sagte er sinngemäß: Von deutscher Schulentwicklung verstehe er nichts. Das deutsche Bildungssystem sei so unbeweglich. In Island aufgewachsen, verstehe er nur etwas von isländischer Schulentwicklung. Also entschlossen wir uns, dieses Buch nicht mit ihm, sondern für ihn zu machen. Denn es ging uns gerade um die Frage, wie das System auf der Suche nach und bei der Umsetzung von besseren Gestaltungs- und Interaktionsideen beweglicher werden kann. Und schnell wurde klar, dass wir dabei das Lebensthema Wolfgang Edelsteins würden aufnehmen müssen: Die Frage, wie man ein guter Demokrat werden und bleiben kann. Und zwar nicht als Schülerin, als Schüler – etwa durch die Teilnahme am Klassen-rat –, sondern als erwachsenes Vorbild, das sich selbst anerkannt und gefragt fühlt, das Unterstützung erfährt und an der Bewältigung wichtiger Aufgaben wächst. Im Jahr 2009, dem Jahr des 80. Geburtstags von Wolfgang Edelstein, nahmen wir die Arbeit an diesem Buch auf.

Über die, die dieses Buch verantworten

Ein gar nicht vergnügter „Lebertranblick" innerhalb des Teams der Deutschen Kinder- und Jugendstiftung war Ausgangspunkt dafür, sich überhaupt an dieses kleine Forschungs- und Veröffentlichungsvorhaben zu machen: Denn für eine Bildungsstiftung gehört die Kooperation zwischen Staat und Stiftung in der Um-setzung bildungsreformerischer Programme zu den zentralen Prinzipien. Sie ist demzufolge angewiesen auf staatliche „Systemvertreter", die notwendige Verän-derungen im Bildungssystem verantwortlich und mit Gestaltungswillen unter-stützen.

Die Mitarbeiter der Deutschen Kinder- und Jugendstiftung werden oft ge-fragt, ob diese Nähe zum Staat, die wir in unserem Kooperationsmodell verfol-gen, nicht unweigerlich zur Aufgabe eigener Autonomie, ja der gesamten Vor-züge von Stiftungshandeln führen würde – frei für Innovation zu sein, unabhän-gig vom Zwang zu sofortigem inhaltlichen und ökonomischen Erfolg agieren zu können, dem Experiment mit seinem Erfahrungswert mehr Bedeutung zuzu-messen als der umgehend nachweislichen Wirkung und Richtigkeit. Ja, auch für die DKJS ist es eine Gratwanderung, nicht Ausführungsgehilfin für staatliche Aufgaben zu sein oder die Balance zu verlieren zwischen eigenen Zielen und der Unterstützung des Staates bei der Bewältigung zentraler Herausforderungen.

Die DKJS hat ihr Rezept in einem dialogischen Handeln mit allen Akteuren gefunden: mit Kindern, Jugendlichen und erwachsenen Begleitern als erster Gruppe, Förderern und Entscheidern als zweiter, Wissenschaft und Medien als dritter. Die Mitarbeiterinnen und Mitarbeiter üben sich gegenüber ihren jeweiligen Gesprächspartnern im klaren Aushandeln von Positionen, Erwartungen und Rollen. Im Falle unterschiedlicher Positionen moderieren sie auch zwischen diesen drei Gruppen mit einem möglichst hohen Grad an Empathie. Denn ihr Credo ist: Es gibt keinen Transfer, wenn nicht eine produktive Zusammenarbeit zwischen Staat und Stiftungen gelingt, in der öffentliche und private Möglichkeiten und Mittel optimal für das eingesetzt werden, was für die Lösung eines Problems gebraucht wird. Und: Es reicht in unserer Gesellschaft nicht aus, zu konstatieren, was im Bildungssystem schief läuft. Gebraucht werden Handlungsmut und Lösungsorientierung bei staatlichen und zivilgesellschaftlichen Vertretern, praktisch die bestmöglichen Bildungsbedingungen für Kinder und Jugendliche zu erarbeiten.

Exkurs: Stiftungen als demokratische Agenten im Bildungswesen?

Nicht von allen Bildungsstiftungen in Deutschland wird der Kooperationsansatz der DKJS geteilt. In einer sehr heterogenen Stiftungslandschaft ist dies auch weder möglich noch gewollt. Was für den einen ein Lebertrantrunk ist, der zwar schlecht schmeckt, von dem man aber annimmt, dass er einem gut tut, ist für den anderen eben ein Schierlingsbecher. Für alle Bildungsstiftungen aber bleibt es eine zentrale Frage, wie man vom erprobten Modell zum Transfer in die Fläche, die Tiefe, zur Verbreitung der Methode oder der gewonnenen Erkenntnisse kommt. Unter diesem Gesichtspunkt gewinnt Kooperation von Stiftungen untereinander, aber vor allem mit den öffentlichen Verantwortungsträgern für gute Bildung beim Bund, bei den Ländern, in Kommunen, eine zunehmende Bedeutung. Für viele bleibt sie eine Gratwanderung.

Es soll ja ein vergnügliches Buch werden. Da sind auch Gedankenexperimente erlaubt. Warum also, könnte man sich fragen, ist es so verkehrt, und warum wird so vehement dagegen argumentiert, dass Stiftungen öffentliche Aufgaben übernehmen? Das häufigste Argument, das wir dazu hören, ist ein demokratisches – passend zum Buch: Stiftungen werden nicht gewählt. Dieses Argument ist stark und unverrückbar. Das zweithäufigste: Stiftungen dürfen den Staat nicht aus seiner Verantwortung entlassen und zu Ausfallbürgen für staatliche Leistungen, für einen immer klammeren Haushalt werden.

Das Gegenargument: Stiftungen als demokratische Akteure der Zivilgesellschaft dürfen sich nicht *nicht* einmischen und auch nicht Aufgaben im Bildungswesen allein angehen. Denn Bildung ist kein Verwaltungsgegenstand, sondern eine gesamtgesellschaftliche Aufgabe. Stiftungen sollten nicht anstelle des Staates handeln, sondern mit ihm und sich nicht selbst marginalisieren. Wer wartet, bis er eingeladen wird, Modelle zu implementieren, die er vorher selbstständig erarbeitet hat, zeigt eine vornehm aristokratische Haltung. Es ist selbstbewusster, den Anspruch zu artikulieren, sich in zentrale gesellschaftspolitische Themen einzumischen und „den Staat" zu veranlassen, zu ermutigen, auch zu drängeln, Stiftungen als potente zivilgesellschaftliche Partner in Reformaufgaben einzubinden. So könnte Ernst werden aus dem Gedanken eines neuen Gesellschaftsvertrags zwischen Staat, Zivilgesellschaft und Wirtschaft, der mehr meint als die Stärkung des Ehrenamts, die Privatisierung von Leistungen und das Auslagern und Delegieren von Aufgaben. Herauszufinden, was dazu konkret nötig ist, wo Vorbehalte sind und Abgrenzungen wichtig, hat sich die DKJS in ihrer Initiative „Staat und Stiftungen in Kooperation" (http://staatundstiftung.word press.com/) vorgenommen. Ein Blick auf diese Seite oder in die Dokumentationen lohnt sich für jeden, den das Thema interessiert.

Die dem Buch zugrunde liegende These

Auf der Suche danach, wie die Kooperations- und Kommunikationsprobleme zwischen Stiftungen, die in Verantwortung gehen wollen, und dem Staat in bildungsreformerischen Prozessen erklärbar sind, ist die DKJS auf Kooperations- und Kommunikationsprobleme *zwischen* den Ebenen des staatlichen Bildungssystems gestoßen. Diesen Zusammenhang hat die DKJS als Arbeitshypothese in folgender Grafik veranschaulicht:

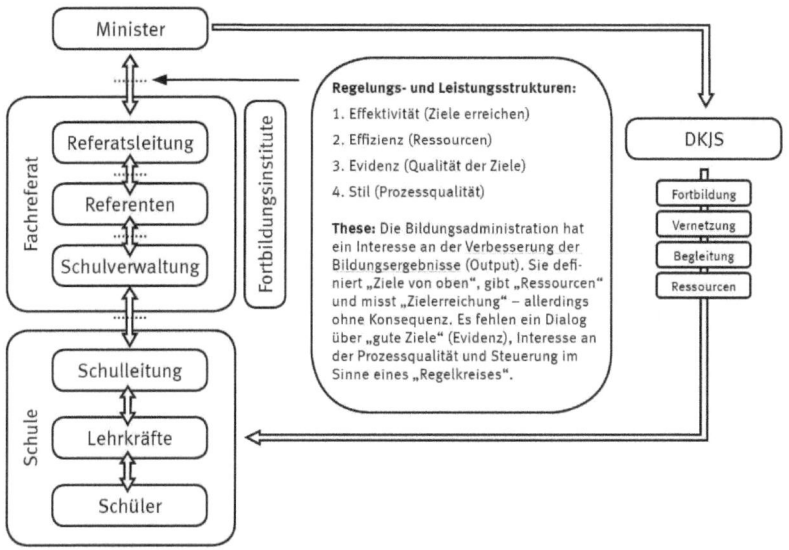

(Pfeil mit Strichellinie = mögliche Kommunikationsstörung)

Dargestellt wird, dass

- es erlebte „Lecks" in den Entscheidungs- und Verantwortungslinien gibt – eine Erklärung dafür, warum reformerische Prozesse stocken, sich schwer anfühlen oder gar im Sande verlaufen;
- Steuerungsmechanismen nicht sichtbar werden, weil Rückkoppelungen zwischen Anforderungen, Unterstützung und erbrachter Leistung im System fehlen und es scheinbar eine Übereinkunft zwischen staatlichen und zivilgesellschaftlichen Akteuren gibt, dass Stiftungen die schwierigen „Dienstwege" umschiffen sollen/wollen, um überhaupt Impulse an Schulen bringen und zur Verbesserung von Bildungsergebnissen beitragen zu können.

Nun gilt es, diese These zu überprüfen, Handlungsmechanismen und -alternativen zu verstehen – und zwar für Stiftungsvertreter und die Verantwortungsträger im Bildungswesen gleichermaßen. Für sie wurde dieses Buch geschrieben. Wolfgang Edelstein und Heike Kahl werden im Abschlussinterview auf die These zurückkommen.

Zum Aufbau des Buches

Allen Beiträgen ist gemeinsam, dass sie sich aufeinander beziehen und in einen Diskurs darüber eintreten, wie erfolgreiche Kommunikation und zielgerichtetes Handeln zum Wohle von Kindern und Jugendlichen zwischen allen Akteuren doch möglich werden. Einen Referenzrahmen für die Artikel bilden die im ersten Teil dieses Buches ausgewerteten exemplarischen drei Interviews (Ministeriumsvertreter, Schulamtsvertreter, Schulleitungsvertreter): Sie liefern für einige Artikel die Ankerzitate für Handlungsnot und Gestaltungshoffnung im Alltag der Handlungsträger im Bildungswesen und ergänzen die vielfältigen eigenen Erfahrungen der Autorinnen und Autoren mit Steuerungsabenteuern im Bildungswesen.

Teil 1: Zur Ausgangslage

Von Entscheidern, die nicht entscheiden, und Verantwortung, die niemand will

Über die Wahrnehmung gemeinsamer Bildungsverantwortung aus der Sicht von Akteuren im Bildungssystem

Andreas Knoke/Jens Hoffsommer

> *„Warum tun die das? Diese irritierte Rückfrage – zumeist an sich selbst gestellt – dürfte wohl schon jedem einmal durch den Kopf gegangen sein, der/die in Schulentwicklungsprozesse involviert war."*

(Roman Langer 2008, S. 7)

Einleitung

Die Frage „Warum tun die das?" kennen wir sehr gut. Sie steht nicht selten im Raum, wenn wir – gewissermaßen als Außenstehende – versuchen, die Abläufe innerhalb des Bildungssystems besser zu verstehen. Denn nur wer die Handlungslogiken und -zwänge der unterschiedlichen Akteure kennt, kann sich angemessen und konstruktiv einbringen. Aus unseren Begegnungen mit Lehrkräften, Schulleitern, Mitarbeitern in Ministerien oder bei der Schulverwaltung wissen wir aber, dass auch sie sich häufig mit dieser Frage im Kopf verständnislos gegenüberstehen. Leider wird sie viel zu selten laut ausgesprochen oder gründlich genug beantwortet, so dass sich vielerorts gegenseitiges Misstrauen und Frustration eingestellt haben.

In Vorbereitung auf dieses Buch kam uns deshalb im Sommer 2009 die Idee, jeweils einen Vertreter aus einem Bildungsministerium, einem Schulamt und einer Schule nach seinem professionellen Selbstverständnis, seinen Handlungsmotiven und seiner Sichtweise auf die anderen Akteure zu befragen. Uns war von Beginn an bewusst, dass ein solches Vorhaben allein aufgrund der geringen Auswahl an Personen wissenschaftlichen Ansprüchen sicherlich nicht gerecht werden könne und dass die Gespräche keine verallgemeinerbaren Aussagen zulassen würden. Darum ging es uns aber auch nicht. Unser Ziel bestand vielmehr darin, eine Art „Gewebeprobe" zu erhalten, die authentische Einblicke in die unterschiedlichen Erfahrungswelten vermittelt und vielleicht helfen kann, die teilweise komplexen und abstrakten Zusammenhänge innerhalb des Bildungssystems besser zu verstehen.

Mit diesem Anliegen sind wir bei unseren Gesprächspartnern auf großes Interesse gestoßen. Alle haben uns bzw. unseren Kollegen offen von aktuellen Problemlagen aus ihrem Arbeitsalltag berichtet, über ihre Erwartungen an sich selbst bzw. an die jeweils anderen Akteure gesprochen und mögliche Lösungsansätze entworfen. Dies zeigt nicht nur, dass die Frage nach einer gelingenden gemeinsamen Steuerung für einen jeden von ihnen eine hohe Bedeutung hat, sondern zeugt auch von ihrer Bereitschaft, die eigene Rolle innerhalb des Bildungssystems kritisch zu hinterfragen. Dies war ein Grund, warum wir die Transkriptionen der Gespräche anonymisiert haben, d. h. es wurden Formulierungen verallgemeinert, die Rückschlüsse auf konkrete Personen oder auch ein bestimmtes Bundesland zulassen würden (z. B. landestypische Bezeichnungen bestimmter Schularten, Verweise auf aktuelle Reformvorhaben oder die Nennung einzelner Landkreise), und wir verwenden die männliche Rollenbezeichnung auch dort, wo wir mit weiblichen Personen gesprochen haben.

Sechs Thesen zur Interaktionsqualität zwischen Akteuren des Bildungssystems

Bevor die Akteure zu Wort kommen, möchten wir sechs Thesen vorstellen, die erläutern, warum aus unserer Sicht das Zusammenspiel von Ministerien, Schulämtern und Schulleitungen zuweilen nicht optimal gelingt. Die Thesen waren zunächst einmal das Ergebnis von Überlegungen, die auf Erfahrungen aus unserem Arbeitsalltag beruhen. Sie bildeten also gewissermaßen die Folie für die Gespräche und haben unsere Fragen gelenkt. Weil sie aber immer wieder auch Gegenstand unserer Auseinandersetzung mit den unterschiedlichen Akteuren waren, wurden sie von uns im Verlauf des Vorhabens fortgeschrieben, d. h. Zusammenhänge, die sich aus den Gesprächen ergeben haben, wurden mit aufgenommen, andere verworfen oder präzisiert.

Es sei noch einmal betont, dass wir auch mit unseren Thesen keine allgemeine Gültigkeit beanspruchen. Dazu müssten sie einer genaueren kritischen Prüfung unterzogen werden und dieser standhalten. Sie sollen uns und unseren

Leserinnen und Lesern eher dazu dienen, den eigenen Blick auf Steuerungsfragen im Bildungssystem zu schärfen und die Suche nach wirksamen Lösungsansätzen unterstützen.

These 1: Fehlende „Ernstnehmkultur"

Im Dialog zwischen Schulleitungen, Schulämtern und dem Bildungsministerium mangelt es häufig an einer „Ernstnehmkultur". Dies zeigt sich in der verbreiteten Wahrnehmung der Akteure, dass ihre Probleme oder Lösungsvorschläge auf den jeweils anderen Ebenen nicht gehört, nicht verstanden oder aber ignoriert werden. In vielen Fällen mag es gute Gründe geben, eine andere Auffassung zu vertreten und entsprechend zu handeln – beispielsweise wenn Lösungsansätze eingefordert werden, die aus der Handlungslogik der jeweils anderen nicht in Frage kommen oder deren Einflussmöglichkeiten überschreiten. Dennoch gelingt es offensichtlich nicht bzw. es wird nicht (mehr) versucht, die eigenen Argumente überzeugend darzulegen oder die der anderen nachzuvollziehen. Zur fehlenden „Ernstnehmkultur" gehört beispielsweise auch, dass anderen heimliche Ziele unterstellt werden („Die machen das nur, weil ..."), die dann zu Ablehnung oder Widerstand führen.

These 2: Einsame statt dialogische Problemlösungen

Die zweite These schließt unmittelbar an die fehlende „Ernstnehmkultur" an: Aufgrund ihrer verschiedenen Rollen und Perspektiven werden Probleme und Lösungsstrategien von einzelnen Gruppen unterschiedlich definiert. So stellt beispielsweise aus Sicht von Schulen ein Mehr an Ressourcen eine grundlegende Bedingung dafür dar, notwendige Reformen umsetzen bzw. die Bildungsqualität überhaupt aufrecht erhalten zu können. Ein solcher Ansatz, der nicht selten auch von den Schulämtern vertreten wird, zielt jedoch auf eine politische Lösung und liegt damit außerhalb der Entscheidungsbefugnis des Bildungsministeriums – nämlich beim Finanzministerium bzw. der Regierung. Entsprechend sind zusätzliche Ressourcen für das Ministerium in der Regel auch keine Option, sondern dort wird versucht, durch Umorganisation in den Verantwortungsbereichen der Schulämter bzw. innerhalb von Schulen eine Verbesserung herbeizuführen, was wiederum von den Schulen zurückgewiesen wird, weil dafür ja die notwendigen Ressourcen fehlen usw. Kurz: Die verschiedenen Akteure stehen zwar in engem Austausch miteinander, doch ausgerechnet bei Fragen gemeinsamer Problembearbeitung wird häufig die Chance verpasst, alle Perspektiven zu berücksichtigen und gemeinsame Lösungsstrategien zu entwickeln.

These 3: Fehlende Entscheidungs- und Handlungsanreize

Ein weiteres Grundproblem scheinen nicht nur fehlende Handlungsmöglichkeiten oder -kompetenzen zu sein, sondern auch fehlende Anreize, Entscheidungen zu treffen oder lösungsorientiert zu handeln. Damit werden Veränderungen von Einzelpersonen und ihrem Gestaltungswillen abhängig, was im Widerspruch zur Grundidee einer Bildungsverwaltung steht, die Entscheidungen durch klare Strukturen und festgelegte Verantwortlichkeiten effizient herbeiführen soll. Gleiches gilt aber auch für Schulen, die sich Reformansätzen entziehen oder vorhandene Spielräume nicht nutzen, weil einzelne oder mehrere Kollegen dadurch keinen Mehrwert erhalten bzw. erwarten. Für Schulämter mag es mitunter sogar reizvoller erscheinen, nicht zu handeln, um einen bestehende Rollenkonflikt nicht zu verstärken (vgl. These 5).

These 4: Schulämter als (Informations-)Nadelöhre und „Sündenböcke"

Schulämter bilden in vielen Bundesländern eine wichtige Zwischeninstanz zwischen dem Ministerium und den Schulen. Da sich ihre Funktion jedoch nicht auf eine bloße Mittlerrolle reduziert, geraten sie von beiden Seiten schnell in den Verdacht, sie würden wichtige Informationen in beide Richtungen entweder nicht, nicht zuverlässig oder anders weiterleiten. Entsprechend oft hört man den Wunsch nach einer direkten Kommunikation und Zusammenarbeit zwischen Ministerium und Schule – ohne die Zwischenstation Schulamt. Dieses Anliegen wird noch dadurch verstärkt, dass solche direkten Begegnungen häufig mit der Erfahrung verbunden sind, wechselseitig auf Verständnis gestoßen zu sein oder gar etwas Positives bewirkt zu haben. Unabhängig davon, ob dies zutrifft und ob der Blockade-Verdacht (im Einzelfall) berechtig ist oder nicht, liegt die eigentliche Gefahr darin, dass die Schulämter aufgrund ihrer Mittlerrolle leicht zum alleinigen „Sündenbock" für alle Arten von Schwierigkeiten erklärt werden und dadurch andere mögliche Ursachen aus dem Blickfeld geraten.

These 5: Schulämter im Rollenkonflikt

Bei kaum einem anderen Akteur im Bildungssystem scheinen Selbst- und Fremdwahrnehmung derzeit so weit auseinander zu liegen, wie beim Schulamt. Daraus ergibt sich für die mittlere Schulverwaltung eine zum Teil paradoxe Rollensituation, die ihre (mit-)gestaltende und moderierende Funktion konterkariert: Die Schulämter fungierten in Deutschland über viele Jahrzehnte als „Eingriffsaufsicht" und wurden entsprechend von den Schulen als ein verlängerter Arm des Ministeriums betrachtet. In den meisten Bundesländern gibt es seit einigen Jahren Bestrebungen, die Schulaufsicht in eine „Beratungsaufsicht" zu überführen, wie sie beispielsweise in den Niederlanden, Schweden, Kanada oder Finnland zu finden ist. Damit erhalten die Schulämter eine stärker unterstützende Funktion und definieren sich zunehmend eher als Partner und „Anwälte der Schulen". In der Praxis werden sie jedoch von den anderen Akteuren – insbesondere den Schulen – (noch) nicht in ihrer neuen Funktion wahrgenommen, was zu einem Rollenkonflikt bezogen auf das eigene Handeln führen kann: Solidarisiert sich das Schulamt zu stark mit den Schulleitern und übernimmt deren Argumentationen bzw. Forderungen, wird es vom Ministerium nicht als konstruktiver Gestaltungspartner wahrgenommen und auch nicht „gehört". Unterstützt es jedoch das Ministerium dabei, Änderungen gegenüber den Schulen zu vertreten, wird es von diesen nicht in der gewünschten Rolle des „Entwicklungspartners", sondern in der alten Funktion des „Durchstellers" gesehen.

These 6: Verantwortungsdefizit

Ein zentrales Hemmnis für das gelingende Zusammenwirken verschiedener Akteure im Bildungssystem besteht offensichtlich in einem verbreiteten Verantwortungsdefizit. Die Wechselwirkungen, die zu einem solchen Mangel an Verantwortungsübernahme führen, lassen sich wie folgt skizzieren:

1. Es gibt auf allen Ebenen – Ministerium, Schulamt, Schulleitung – ein *Motivationsproblem*, da häufig Veränderungen verantwortet und umgesetzt werden sollen, die im Grunde nicht akzeptiert bzw. mitgetragen werden, weil sie von anderen entworfen wurden und die eigene Perspektive dabei keine Berücksichtigung fand.
2. Damit geht ein *Verantwortungsproblem* einher, denn die Akteure übernehmen nicht auf Dauer Verantwortung für Handlungen oder Entscheidungen, die sie nicht mittragen wollen bzw. können.
3. Die Folge ist *Verantwortungsverschiebung* bzw. die Delegation von Verantwortung an die nächsthöhere Entscheidungsebene. Dies funktioniert auf allen Ebenen, denn auch das Ministerium kann Verantwortung an die Politik weiter delegieren.
4. Die Folge von Verantwortungsverschiebung ist *Verantwortungszentralisierung* auf den oberen Ebenen des Bildungssystems.
5. Auf den anderen Ebenen entsteht dagegen ein *Verantwortungsvakuum*: Entscheider, die als verantwortlich angesehen werden und/oder es sind, entscheiden nicht, sondern delegieren weiter oder „sitzen Lösungen aus".

6. Vor dem Hintergrund dieser Dynamik verbreitet sich ein Gefühl von
    „Verantwortungs-Losigkeit". Unter den bestehenden Entscheidungsbedin-
    gungen und in dieser Kommunikationssituation ist man auf allen Ebenen
    zunehmend erleichtert, wenn man „Verantwortung los" ist.

Verantwortung und Kooperation im Bildungssystem aus Sicht der Akteure

Wir wollten wissen, wie sich die Steuerungsprozesse innerhalb des Bildungssystems aus dem subjektiven Blickwinkel der verschiedenen Akteure darstellen.
Um einer Antwort auf diese Frage auf die Spur zu kommen, haben wir im Anschluss an die Gespräche versucht, die unterschiedlichen Blickweisen anhand
von Ankerzitaten aus unseren Gesprächen zu rekonstruieren. Dies erfolgt zunächst aus Sicht eines Mitarbeiters in einem Ministerium, dann eines Schulrates
und schließlich einer Schulleitung. Für die Darstellung haben wir eine einheitliche Struktur gewählt:

- Der Punkt *„Ich und die anderen"* beschreibt die Wahrnehmung der eigenen
  Rolle sowie die Rollenerwartungen an die anderen Akteure.
- Der Punkt *„Ein Problem und wie es entsteht"* schildert exemplarisch ein
  konkretes Steuerungsproblem, nach dem wir gefragt haben, und die vermu-
  teten Ursachen.
- Der Punkt *„Lösungsmöglichkeiten und -grenzen im System"* zeigt mögliche
  Handlungsansätze auf, die unter den gegebenen Bedingungen gesehen wer-
  den.
- Der Punkt *„Verbesserungsvorschläge"* fragt nach Reformansätzen, von de-
  nen eine grundlegende Verbesserung erhofft würde.

Das Ministerium: Voraussetzungen für gute Schulen schaffen

Bildungsministerien sind sehr komplexe Organisationen. Die Verantwortung für
die Ausgestaltung und Steuerung der Schulen liegt in Deutschland nicht beim
Bundes-, sondern bei den Länderministerien. Diese haben je nach Bundesland
unterschiedliche Aufgabenzuschnitte und sind mehr oder weniger stark hierarchisch ausdifferenziert. Die zentralen Steuerungs- und Handlungseinheiten bilden Referate, die jeweils unterschiedliche Teilverantwortungen übernehmen. Für
den exemplarischen Blick aus „dem" Ministerium auf das Bildungssystem haben
wir ein Gespräch mit einem Referatsmitarbeiter in einem Länderministerium
geführt.

ICH UND DIE ANDEREN

Die Rolle des Ministeriums innerhalb des Bildungssystems besteht aus Sicht des Mitarbeiters zunächst darin, *„das umzusetzen, was die Politik vorgibt"*. Diese noch sehr allgemeine Selbstbeschreibung enthält bereits eine wichtige Abgrenzung, die – wie sich später zeigen wird – seitens vieler Schulen häufig so differenziert nicht wahrgenommen wird: Die Mitarbeiter im Ministerium sind nicht Teil der politischen Ebene und deshalb am politischen Entscheidungsprozess auch nicht direkt beteiligt. Vielmehr sind auch ihre Handlungen an Vorgaben gebunden, die sie von der jeweiligen Landesregierung – in Person des Bildungsministers oder der Bildungsministerin – bzw. durch das Parlament erhalten.

Innerhalb dieses festgelegten Handlungsrahmens geht es konkret darum, *„bestimmte Regelungen umzusetzen oder zu schaffen, damit die Verwaltung oder Schule allgemein besser funktioniert"*. Die eigentliche Steuerungsaufgabe besteht also darin, geeignete Strukturen aufzubauen, Vorgaben zu machen und den Informationsfluss zwischen den Akteuren so zu „regeln", dass die im Land beschlossenen Bildungsziele erreicht werden.

Zur Erfüllung dieser Aufgabe sind *„die zuständigen Schulrätinnen und Schulräte"* die wichtigsten Dialogpartner. *„Im seltensten Fall gehen wir direkt in Schule rein, wobei wir das auch schon praktiziert haben"*. Die Kommunikation zwischen Ministerium und Schulämtern verläuft dabei in beide Richtungen, d. h. die Mitarbeiter im Ministerium geben ihre *„Regelungen"* nicht nur an die Schulverwaltung weiter, sondern sie erhalten umgekehrt von den Schulräten Rückmeldungen über die erzielten (Aus-)Wirkungen bzw. über bestehenden Handlungsbedarf. Bis auf Ausnahmen stehen sie in keinem direkten Austausch mit Schulen.

EIN PROBLEM UND WIE ES ENTSTEHT

Um an einem konkreten Beispiel mehr über die Handlungsstrategien, die wahrgenommenen Grenzen und Erwartungszuschreibungen zu erfahren, haben wir nach einem Problem gefragt, mit dem das Ministerium bzw. der Mitarbeiter aktuell beschäftigt sei. Als ein solches wurde die *„Hauptbaustelle des Unterrichtsausfalls an Schulen"* benannt:

„Bisher ist es so, dass einer Schule eine bestimmte Anzahl an Lehrkräften zur Verfügung gestellt wird, entsprechend ihren arbeitsvertraglichen Bedingungen. Und die Schule muss dann mit diesen Lehrkräften hantieren. Jetzt fällt eine Lehrkraft aus. In der Regel haben die Schulen etwa zwischen 7 und 15 Stunden Vertretungsreserve. Nun unterrichtet beispielsweise eine Lehrkraft im Primarbe-

reich etwa 28 Stunden. Das heißt, selbst wenn die Schulen eine Vollausstattung mit 15 Stunden Reserve haben, was manchmal wirklich schon utopisch ist, fehlen immer noch 13 Stunden bis zur endgültigen Vertretung dieser Lehrkraft. Diese fehlenden 13 Stunden, die können jetzt entweder durch Mehrarbeit von Lehrkräften, durch Aufstockung von Arbeitsverträgen oder eben durch Ausfall reguliert werden. In der Regel fallen dann Arbeitsgemeinschaften, Teilungsunterricht oder Förderunterricht weg. Sie fallen weg, um die Stunden dieser Lehrkraft auszufüllen. (...) Das regt dann natürlich vor allem die Eltern auf. Die sagen nämlich, ausgerechnet die Arbeitsgemeinschaft, wo mein Kind immer Motivation tankt und Erfolgserlebnisse erfährt, die fällt weg. Und deshalb wird Schule dann unterm Strich als schlecht wahrgenommen."

Der beschriebene Umstand wird noch dadurch verschärft, dass die Vertretungsreserve, die jeder Schule für den Krankheitsfall einer Lehrkraft zur Verfügung steht, von vielen Schulen nicht als solche zurückgehalten wird. Vielfach werden diese Stunden verwendet, um zusätzliche Lernangebote wie zum Beispiel Arbeitsgemeinschaften zu ermöglichen oder um den Teilungs- bzw. Förderunterricht aufzustocken. Dies ließe sich aus den zugewiesenen Regelkontingenten allein nicht realisieren, fällt im Zweifel dann jedoch weg:

„Die Vertretungsstunden, die sie an den Schulen haben, werden ja nicht irgendwo gestaffelt oder geparkt und gesammelt, sondern die werden normal mit verplant. Jetzt fällt diese Förderunterrichtsstunde weg, weil ein Lehrer krank geworden und diese Stunde jetzt eingesetzt werden muss, um normalen Stundenplanunterricht zu vollziehen. Und die Wahrnehmung bei Eltern ist, es fällt Regelunterricht weg, es fällt jetzt wieder eine Stunde aus. Und dann schreiben sie wieder einen Brief an den Minister."

Ein interessanter Aspekt der Schilderung ist, dass das Thema vor allem auch deshalb auf der Tagesordnung des Ministeriums zu stehen scheint, weil es zu einer Unzufriedenheit bei den Eltern führt:

„Das Problem entsteht bei den Eltern. Die Eltern sind wenig erfreut darüber, was an der Schule mit ihren Kindern passiert. Sie kommen morgens in die Schule, haben die erste Stunde Ausfall, die zweite Stunde wird irgendetwas vertreten, die dritte Stunde ist dann regulärer Unterricht, die fünfte Stunde fällt wieder aus und die sechste Stunde ist wieder etwas anderes. Das regt Eltern natürlich über einen gewissen Zeitraum auf. Und dann wenden sie sich an das Ministerium."

Dass Eltern eine entscheidende Rolle dafür spielen, wenn Unterrichtsausfall vom Ministerium als wirklich drängendes Problem wahrgenommen wird, zeigt auch die Antwort auf die Frage, was eigentlich geschehen müsse, damit das Problem noch schlimmer würde:

„Wenn von allen Schulen im Land sich die Eltern aus mindestens der Hälfte dieser Schulen melden und sagen, bei uns gibt es ein ganz schlechtes Krisenmanagement und zu hohen Unterrichtsausfall, ich denke, dann brennt es".

Die Bedeutung der Eltern ist insofern bemerkenswert, weil als die genuinen Dialogpartner des Ministeriums ja eigentlich die Schulämter beschrieben wurden, die im geschilderten Fall jedoch als „Problemmelder" keine Rolle spielen. Hierfür könnte es unterschiedliche Gründe geben, z. B.:

- Die Schulämter sehen das Problem des Unterrichtsausfalls nicht, das sich aus unzureichenden bzw. nicht wie vorgesehen eingesetzten Vertretungsreserven ergibt.
- Die Schulämter wissen um das Problem, kommunizieren es aber nicht an das Ministerium, z. B. weil sie von dort keine Lösung erwarten.
- Die Schulämter geben Rückmeldungen an das Ministerium, werden dort aber nicht gehört bzw. bewirken keine spürbaren Handlungskonsequenzen, weil sie keinen Entscheidungsdruck provozieren können.

Was auch immer der Grund sein mag, das Zusammenspiel zwischen Ministerium, Schulämtern und Schulen scheint an dieser Stelle nicht wie vorgesehen zu funktionieren:

„Aber es ist unterm Strich, was ich festgestellt habe, in den meisten Fällen eine Frage der Kommunikation. Schulen sprechen nicht mit Eltern und Schulen sprechen nicht mit Schulen und es wird teilweise schlecht gehandelt, also gemanagt durch die Schulämter. Die sind kein richtiger Mittler, in beide Richtungen."

Deshalb wird das Problem vom Ministerium als solches erst dadurch wahrgenommen bzw. führt es dort zu entsprechenden Steuerungsaktivitäten, wenn es von Eltern reklamiert wird, wodurch offensichtlich der Handlungsdruck auf die Entscheider steigt.

LÖSUNGSMÖGLICHKEITEN UND -GRENZEN IM SYSTEM

Bei der Frage danach, welche Lösungsmöglichkeiten es für das Problem des Unterrichtsausfalls gibt, wurde schnell deutlich, dass die naheliegende „naive" Lösung, nämlich den Schulen einfach mehr Stunden als Vertretungsreserve zur Verfügung zu stellen, aus Sicht des Ministeriums keine ist:

*„Eine finanzielle Lösung gibt es nicht. Der Finanzminister gibt einen be-
stimmten Topf an Mitteln vor, macht dort einen Deckel drauf und alles, was sich
in dem Topf befindet, ist durch das einzelne Ressort zu verwalten. Das heißt also
auch bei uns im Bildungsbereich, dass wir mit dem auskommen müssen, was wir
vom Finanzminister erhalten. Das bedeutet wiederum, dass wir nicht mehr Stunden an die Schulen geben können, um zum Beispiel Unterrichtsausfall, der durch
Krankheit oder durch andere Dinge, die sich an einer Schule ereignen, hervor-
gerufen wird, zu kompensieren."*

Um dem Problem des Unterrichtsausfalls an Schulen zu begegnen, muss aus
Sicht des Mitarbeiters im Ministerium ein anderer Weg eingeschlagen werden:
*„Das ist eine reine Organisationsfrage, wie ich die Stunden, die ich habe,
so organisiere an Schule, dass es zu keinem Unterrichtsausfall kommt. Oder
indem ich Schule eben transparent gestalte und den Eltern nachvollziehbar dar-
stelle, was ich tue, um den Bildungsauftrag umzusetzen."*
Als wichtigste Grundlage der Problembewältigung wird eine veränderte
Kooperationskultur zwischen Ministerium, Schulamt, Schulen und Eltern betrachtet: Es braucht *„Transparenz, Kommunikation, enge Zusammenarbeit aller
an Schule Beteiligten und nicht absolutistische Herrschaft"*.
Aus Sicht des Ministeriums werden drei eng miteinander zusammenhän-
gende Lösungsansätze favorisiert:

1.   vorhandene Stundenkontingente besser einsetzen,
2.   den Einsatz transparent gestalten – vor allem gegenüber den Eltern,
3.   Lösungen gemeinsam mit allen Akteuren suchen, statt „von oben" zu
     verordnen.

Ganz konkret lasse sich eine gemeinsame Lösung, die nicht „von oben" ange-
ordnet wird, wie folgt verwirklichen:
*„Eine ideale Lösung wäre, dass man die Schulleiterinnen und Schulleiter
einer Region an einen Tisch setzt und gemeinsam überlegt, wie man das vorhandene Lehrerpotenzial so optimal einsetzt, dass es für alle Schulen ein
ausreichendes Auskommen bildet."*
Dies würde allerdings voraussetzen, dass der Ansatz, die vorhandenen
Stunden einfach besser zu organisieren, eine realistische Option darstellt. Deshalb wollten wir wissen, wie denn – ohne den Aushandlungsprozess vorwegzu-
nehmen – eine solche Lösung möglicherweise aussehen könne:

*„Ich setze alle Schulleiter in einer Region an einen Tisch (...) und lege ih-
nen dar: Jeder von euch hat an der Schule so und so viele Stunden Vertretungs-*

reserve. Ihr habt aber nicht ständig so viele Lehrkräfte im Ausfall, dass ihr die Vertretungsreserve ausschöpfen müsst. Jetzt ist an einer Schule Not am Mann, weil zwei ausfallen. Dann geben die anderen Schulen über ihre Vertretungsreserve entsprechend Lehrkräfte an die Schule ab, wo der Ausfall ist. Und somit könnte man durch diesen Austausch von Lehrkräften eine Art Feuerwehr schaffen, die den Unterricht kompensiert. Oder ich gebe die Vertretungsreserven gar nicht an die Schulen, sondern behalte sie ein und setzte an einen zentralen Ort einen Sachbearbeiter, der diese Vertretungsreserve verwaltet, diesen Stundenpool, der mit so und so viel Lehrkräften untersetzt ist. Diese Lehrkräfte sind dann eben nicht in einer Schule, sondern bekommen am Nachmittag einen Anruf und da heißt es, morgen früh bist du drei Stunden in der Schule 1, danach fährst du in die Schule 2 und dort machst du auch noch drei Stunden. So könnte es theoretisch auch funktionieren."

Dass sich die beiden skizzierten Ansätze nicht ohne weiteres in die Praxis übertragen lassen, ist dem Mitarbeiter des Ministeriums durchaus bewusst, denn

- gegen einen Vertretungspool gebe es seitens des Ministeriums sicherlich Bedenken, *„dass die Menschen nicht ausgelastet sind, diese Vertretungslehrkräfte",*
- und mit Blick auf die Schulen lasse sich vermuten, dass *„die Schulleiterinnen und Schulleiter Verlustängste"* haben würden, da sie die Vertretungsstunden bisher nutzen, um zusätzliche pädagogische Angebote zu realisieren.

Die vorweggenommenen Einwände machen deutlich, warum solche Lösungen von dem Ministerium nicht „verordnet", sondern nur im Dialog aller Beteiligten miteinander entwickelt werden können. Wenn eine Verringerung des Unterrichtsausfalls durch eine bessere Verteilung der Stundenkontingente aber grundsätzlich denkbar ist, weshalb finden dann solche Runden nicht statt? Hierzu eine kurze Gesprächspassage:

„Interviewer (I): Warum setzen die sich nicht an den Tisch?
Mitarbeiter Ministerium (M): Weil sich keiner an den Tisch setzt.
I: Wer könnte es ihnen denn sagen? Also kann man das nicht verordnen? Wer ist dafür verantwortlich, dass sie sich an den Tisch setzen?
M: Die Entscheider.
I: Politische Entscheider?
M: Also die kleinste Einheit wäre ja das staatliche Schulamt, der zuständige Schulrat. Jeder Schulrat hat ja einen gewissen regionalen Zuständigkeitsbe-

reich und einen Pool von Vertretungsstunden, die er an die Schulen verteilt.
(...) Er müsste jetzt nur seine Schulleiter nehmen, die an einen Tisch setzen
und sagen: Ich schlage euch das und das vor.
I: Aber die machen das nicht?
M: Nein, sie machen es nicht."

Wie eingangs beschrieben, sieht der Mitarbeiter die Aufgabe des Ministeriums darin, „*Regelungen umzusetzen oder zu schaffen, damit die Verwaltung oder Schule allgemein besser funktioniert*". Deshalb bleibt die Frage, warum solche Entscheidungen dann nicht durch die jeweils höhere Ebene herbeigeführt werden:

> „*I: Aber kann man nicht sagen, dass die das machen sollen?*
> *M: Ja, das müssten dann die Menschen im Ministerium sagen.*
> *I: Und die sagen es aber nicht.*
> *M: Nun bin ich ja jemand aus dem Ministerium. Ich muss aber wiederum ein Freizeichen von meinen Entscheidern bekommen. Und meine Entscheider sagen dann, das müssten wir machen. Aber sie entscheiden eben nicht. Das ist das Problem. Wir haben Entscheider, die nicht entscheiden, und ich denke, das ist ein Problem der Verwaltung insgesamt.*"

Wichtig ist, dass die ausbleibenden Entscheidungen in diesem Fall nichts damit zu tun haben, ob solche Lösungsstrategien umgesetzt werden *dürfen*. Denn dass gemeinsame Runden mit allen Beteiligten durchaus möglich wären, zeigt die folgende Passage:

> „*I: Was würde denn passieren, wenn die Schulräte das einfach machen und sich an den Tisch setzen würden?*
> *M: Dann würden wir den Schulräten auf die Schulter klopfen und sagen: Mensch super, du bist total innovativ.*
> *I: Also die könnten das machen?*
> *M: Ja. Die können das.*
> *I: Es verbietet ihnen keiner, sondern es fehlt der Antrieb?*
> *M: Ja.*"

Eine Schwierigkeit, Lösungen innerhalb des Bildungssystems zu verwirklichen, wird also darin gesehen, dass auf den unterschiedlichen Ebenen offensichtlich Anreize dafür fehlen, Entscheidungen zu treffen. Damit werden Veränderungen von den Motivationen einzelner Personen abhängig:

„Sie haben eine relativ hohe Entscheidungsbefugnis und es gibt Entschei- dungsbefugte, die entscheiden, und es gibt eben auch Entscheidungsbefugte, die nicht entscheiden. (...) Die Anreize sind zu gering. Es gibt diejenigen, die es aus ihrer eigenen Motivation heraus tun, und es gibt halt die, die sagen, es geht ja auch so.“

Eine andere Grenze bildet die bereits genannte Erfahrung, dass die Umset- zung von Entscheidungen nicht einfach verordnet werden kann. Dies zeigt der Versuch, die Schulleiter um das Verständnis der Eltern werben zu lassen, indem sie ihnen die Verwendung der Vertretungsstunden an den Schulen transparenter machen:

„Wir haben gesagt, wenn ihr (Schulleiter) Vertretungsreserven an der Schule habt und die in eurem Stundenplan einplant, dann weist die gesondert aus, dann macht da eine zusätzliche Stunde Förderunterricht hin, aber schreibt dran: aus Vertretungsreserve. Und erzählt den Eltern, dass die auch wegfallen können. Das wird nicht vollzogen, also wir haben das Schwarz auf Weiß so ge- regelt und das wird so nicht vollzogen.“

VERBESSERUNGSVORSCHLÄGE

Ein grundlegender Vorschlag aus Sicht des Ministeriums zur Verbesserung der Abstimmung zwischen den Akteuren im Bildungssystem und zur Steigerung der Leistungsfähigkeit von Schulen zielt darauf, die Ebene der Schulamtsverwaltung aufzulösen und sowohl die finanzielle Selbstständigkeit als auch die Personal- autonomie der Schulen zu stärken:

„Ich nehme das Schulamt raus. Ich nehme die Schulverwaltung, die sich ja im kommunalen Bereich befindet, einfach raus. Was heißt das? Ich führe Schule als eine selbstständige Einheit. Ich gebe ihr ein finanzielles Budget, was heute noch der Schulträger verwaltet, und die Schule verwaltet dann ihren Energie- haushalt, ihren Müllhaushalt, ihr Papierkontingent, ihren Reinigungsbereich und so weiter selbst. Das wäre das eine. Und die andere Seite ist, dass ich der Schule Lehrermittel zuweise, also Vollzeiteinheiten in Form von Geld. Weil das Gesamtsystem nicht von heute auf morgen zerbrechen kann, muss ich natürlich auch einen gewissen Lehrerpool zur Verfügung stellen, der mit Namen untersetzt ist, weil die weiter im öffentlichen Dienst beschäftigt bleiben. Man kann ja die Beamten jetzt nicht aus ihrem Status entlassen, das funktioniert nicht. Und die Schulen greifen sich dann aus diesem Pool die Leute raus, die sie brauchen. Und was sie dort nicht bekommen, kaufen sie sich zusätzlich ein von den Vollzeitein-

heiten, die ich ihnen zur Verfügung gestellt habe, denn das kann ich ja auch in Form von Geldmitteln machen."

In der Konsequenz würden sich dadurch auch die Rolle und die Aufgaben des Ministeriums verändern:

„Wenn ich das alles habe, dann ist die Schule selbstständig tätig und un-
term Strich nur noch abhängig vom Land, also vom Ministerium. Sie bekommt
praktisch nur noch die Rahmenbedingungen vorgegeben vom Ministerium und
nichts anderes passiert mehr. Die Schule wird kontrolliert, also schulaufsichtlich
kontrolliert, aber nicht mehr in dem Sinne wie jetzt, sondern sie wird beraten,
beraten in der Form, dass sie visitiert wird. Das müsste man weiter ausbauen, so
dass zum Beispiel alle drei Jahre ein Visitationsteam in die Schule kommt, sich
die Schule anschaut, überlegt, was man besser machen könnte, und Anregungen
gibt, was man noch besser machen könnte. Und fertig."

Die Schulaufsicht: verlängerter Arm des Ministeriums oder Anwalt der Schulen?

Für den nachfolgenden Blick auf das Bildungssystem aus der Perspektive der Schulaufsicht haben wir ein „Schreibgespräch" mit einem Schulrat geführt, der als Schulamtsleiter tätig ist. Nach einer ersten Antwort auf unsere Leitfragen haben wir noch zweimal um Konkretisierungen gebeten bzw. Anschlussfragen gestellt. Aufgrund der schriftlichen Rückmeldungen sind die zitierten Darstellungen des Schulrates ausführlicher und systematischer, als es bei den Gesprächsmitschnitten der anderen zwei Vertreter der Fall ist.

ICH UND DIE ANDEREN

Auch vom Schulrat wollten wir zunächst wissen, welche Aufgaben er für die Schulämter sieht:

„Das Schulamt muss:
- *gemeinsam mit der Schule die nächstmöglichen Schritte herausfinden,*
- *smarte Ziele mit Schulleitern vereinbaren,*
- *die Schule selbst unterstützen,*
- *eine klare Struktur der Unterstützersysteme und deren Vernetzung realisieren,*
- *der Schule mit geeigneten Unterstützern helfen,*

- *die Erfüllung von Vereinbarungen überprüfen,*
- *den Erfahrungsaustausch unter den Schulleitungen befördern,*
- *konkrete Kooperationen zwischen Schulen anregen,*
- *den Schulleitungen und Lehrkräften motivierende Rückmeldung geben,*
- *die Fortbildung der Mitarbeiterinnen planen und realisieren.*"

Die Aufzählung zeigt sehr deutlich, dass die Rolle des Schulamtes im Selbstverständnis des Schulrates weit über eine bloße Mittler- und Aufsichtsfunktion hinausreicht. Der Schwerpunkt der genannten Verantwortlichkeiten liegt darauf, eine systematische Qualitätsentwicklung an Schulen zu befördern. Als wichtiges Steuerungsinstrument werden gemeinsam mit den Schulen bzw. Schulleitungen abgestimmte – also nicht von außen vorgegebene – und dann verbindlich vereinbarte Ziele genannt, deren Erreichen überprüft und *„motivierend"* an die Kollegien und Schulleitungen zurückgemeldet wird.

Außerdem wird in der Verantwortung des Schulamtes die Vermittlung verschiedener Unterstützungsangebote gesehen. Insgesamt spielen dabei vor allem Aspekte der Vernetzung von Schulen bzw. der schulischen Akteure untereinander, die Beförderung eines schulübergreifenden Erfahrungsaustausches und die Bereitstellung bedarfsgerechter Fortbildungen sowie eines klar strukturierten Unterstützungssystems eine zentrale Rolle.

In der Rollenbeschreibung des Schulrates fällt auf, dass keine Aufgabenbereiche genannt werden, die auf eine Kooperation mit dem Bildungsministerium bzw. die Schnittstellenfunktion zwischen Ministerium und Schulen hinweisen. Der Schulrat beschreibt die Wirkung der Schulverwaltung im System ausschließlich „nach unten". Die Beziehung zu den Schulen wird dabei als eher partnerschaftlich geschildert und die eigene Rolle entspricht am ehesten der eines „kritischen Freundes" bzw. eines aktiv gestaltenden Unterstützers, dessen Aufgabe es ist, dafür Sorge zu tragen, dass die durch das Ministerium vorgegebenen Ansprüche und Ziele von den Schulen umgesetzt und die dafür bereitgestellten Ressourcen und Strukturen optimal genutzt werden. Ebenfalls nicht angesprochen wird die Dienst- und Fachaufsicht über Lehrkräfte, die in der Regel auch zum Verantwortungsbereich der Schulämter gehört.

Das Bildungsministerium hat aus der Sicht des Schulrates folgende Aufgaben:

„Das Bildungsministerium muss:
- *den Rahmen vorgeben,*
- *die dafür notwendigen gesetzlichen Regelungen schaffen,*
- *die entsprechende Fortbildung der Schulleitungen und der Qualitätsbeauftragten sichern,*

- *leistungsfähige Unterstützersysteme zur Verfügung stellen,*
- *die notwendigen finanziellen Mittel vorhalten,*
- *smarte Ziele mit Schulamtsleitungen vereinbaren,*
- *den Schulamtsleitungen und Schulleitungen motivierende Rückmeldung geben,*
- *die Fortbildung der Mitarbeiterinnen planen und realisieren.*"

Vor allem die letzten Punkte zeigen, dass die Verantwortung des Ministeriums, für gute fachliche, finanzielle und strukturelle Rahmenbedingungen innerhalb des Bildungssystems Sorge zu tragen und dessen Leistungsfähigkeit sicherzu-stellen, aus Sicht des Schulrates nicht nur die Schulen, sondern auch die Schul-ämter umfasst. Denn diese bilden im Selbstverständnis des Schulrates einen wichtigen Teil der Unterstützungsstruktur.

Bemerkenswert ist, dass für die Kooperation zwischen Ministerium und Schulverwaltung weitgehend die gleichen Steuerungs- und Qualitätsentwick-lungsinstrumente benannt werden, die das Schulamt auch für seine Zusammen-arbeit mit den Schulen benutzt: Zielvereinbarungen und -kontrollen, Fortbildun-gen und wertschätzende Rückmeldungen. Die Rollenerwartung an das Ministe-rium entspricht also dem eigenen Rollenverständnis hinsichtlich der Schulen.

Fragt man jedoch, inwieweit die Erwartungen an das Ministerium mit der er- und gelebten Praxis übereinstimmen, wird deutlich, dass Wunsch und Reali-tät hier als weit voneinander entfernt empfunden werden:

„Zielvereinbarungsgespräche mit Schulamtsleitungen gibt es nicht. Motivie-rende Rückmeldungen kommen nach schwierigen ‚Aktionen' schon vor. Nicht wahrgenommen werden Anstrengungen und Ergebnisse bei der Weiterentwick-lung der Schulämter. Deshalb gibt es für diesen so wichtigen Bereich auch keine Rückmeldung. Zum Beispiel habe ich leitende Mitarbeiter des Ministeriums über unsere Ansätze zur Qualitätssicherung des Schulamtes nach dessen Verabschie-dung informiert. Null Reaktion. Eine gezielte Fortbildung findet ebenfalls nicht statt. Das ist eigentlich auch logisch. Wenn man keine Vorstellung davon hat, in welche Richtung ein Mitarbeiter sich entwickeln könnte oder sollte, kann man auch keine zielgerichtete Fortbildung mit ihm vereinbaren."

Um gemeinsam mit den Schulen die Qualität der pädagogischen Arbeit zu sichern und zu verbessern, formuliert der Schulrat auch klare Erwartungen an die Schulleitungen. Als deren zentrale Aufgaben werden genannt:

- *„den Entwicklungsstand der Schule kennen,*
- *die Fortbildung der Lehrkräfte planen und realisieren,*

- *smarte Ziele mit Lehrkräften vereinbaren,*
- *klare Konferenzstrukturen schaffen,*
- *motivierende Rückmeldung geben.*"

Aus den Aufgaben- und Rollenbeschreibungen, die der Schulrat für das Ministerium, die Schulverwaltung und Schulleitungen entwirft, ergibt sich ein in sich stimmiges Bild von geteilter Verantwortung. Das gemeinsame Anliegen heißt Qualitätsentwicklung und auf allen Ebenen kommen dabei ähnliche Steuerungs- und Unterstützungsinstrumente zum Tragen. Dieses Verständnis beschreibt jedoch eher das Ideal eines funktionierenden Kommunikationssystems als die in der Praxis erlebten Kooperationsformen. Es ist Ausdruck der Überzeugung und des Willens: *„In Abhängigkeit von der Aufgabe, dem Ziel, dem Problem können Menschen aus unterschiedlichen Institutionen zusammenarbeiten.*"

EIN PROBLEM UND WIE ES ENTSTEHT

Die Problemlage, von der der Schulrat berichtet, bezieht sich auf die Verteilung von bzw. den Umgang mit Personalressourcen. Durch die demographische Entwicklung und damit verbundene Umstrukturierungsprozesse innerhalb des Schulsystems entsteht nämlich an manchen Schulen bzw. Schularten ein Lehrerüberhang, während an anderen Schulen zu wenige Lehrerstunden vorhanden sind. In der Folge müssen Lehrerinnen und Lehrer vollständig oder für einen Teil ihrer Arbeitszeit an andere Schulen versetzt werden:

„Um unter allen im System befindlichen Lehrkräften die Arbeit solidarisch aufzuteilen, erhalten die Lehrkräfte Teilzeitverträge. Um jeder Lehrkraft entsprechend ihres Änderungsvertrages eine zumutbare Einsatzmöglichkeit anzubieten, ist 'Lehrertourismus', also die Abordnung von Lehrkräften von ihrer Stammschule an andere Schulen oder andere Schularten, notwendig."

Die mit dem „Lehrertourismus" einhergehende Schwierigkeit wird nicht nur darin gesehen, dass sich die individuellen Mobilitäts- und Arbeitsanforderungen für die betroffenen Lehrkräfte erhöhen. Vielmehr wird dadurch auch die kontinuierliche Entwicklungsarbeit an den Schulen erschwert, was sich auch auf die Aufgabe des Schulamtes, die Schulleitungen in diesem Prozess zu unterstützen, negativ auswirkt:

„An Schulleitungen werden höchste Anforderungen gestellt. Den Normalfall, mit einem stabilen Kollegium arbeiten zu können, kann ich ihnen nicht gewährleisten."

LÖSUNGSMÖGLICHKEITEN UND -GRENZEN IM SYSTEM

Für die Problematik des *„Lehrertourismus"* kann der Schulrat keine Lösung aus
eigener Kraft anbieten:
> *„Für diese Situation, die noch einige Jahre andauern wird, habe ich keine*
> *Lösung."*

Auf die Frage, wer denn zu einer Lösung beitragen könne, wird auf die politischen Entscheider verwiesen, die in der Lage seien, die Rahmenbedingungen
zu verändern. Konkret wird eine allgemeine Reduzierung des Umfangs der Un-
terrichtsverpflichtungen von Lehrkräften als möglicher Lösungsansatz benannt,
für den jedoch zusätzliche Ressourcen erforderlich wären:
> *„Die Politik könnte durch Absenken der Unterrichtsverpflichtungen für*
> *Lehrkräfte an den betroffenen Schularten das Problem lösen. Voraussetzung sind*
> *die dafür nötigen Haushaltsmittel in Millionenhöhe."*

Keine wirkliche Lösung für das Problem, aber ein Beitrag dazu, die Steuerung des „Lehrertourismus" durch die Schulämter zu erleichtern, wäre zudem,
wenn Lehrkräfte beim Einsatz an einer anderen Schulart zumindest ihre Ein-
gruppierungen beibehalten könnten:
> *„Das Finanzministerium könnte entscheiden, dass Lehrkräfte auch bei Ver-*
> *setzung an andere Schularten in ihrer Eingruppierung bleiben könnten. Aber*
> *auch das ist mit viel Geld verbunden. Ich sehe da schon Verantwortlichkeiten auf*
> *mehreren Ebenen."*

Wenn die Pädagoginnen und Pädagogen zumindest keinen größeren finanziellen Nachteil bei einem Schulwechsel zu befürchten hätten, würde dies den
Handlungsspielraum für einen Dialog der Schulämter mit Schulen und Lehrkräften um gute Lösungen deutlich erweitern.

Das Problem der Versetzung von Lehrerinnen und Lehrern an andere
Schulen war auch ein Thema beim Gespräch mit dem Mitarbeiter des Ministeriums. Dieser verdeutlichte die Schwierigkeiten, die für die einzelne Lehrkraft
damit einhergehen, wie folgt:

> *„Aber viele Lehrkräfte sind nicht bereit, ihre Arbeit in den anderen Land-*
> *kreisen dann entsprechend zu vollziehen. Es ist ja auch schwierig, wenn ich ein*
> *Haus in A habe und jetzt in B unterrichten soll. Dann muss ich mir dort eine*
> *Zweitwohnung nehmen oder ich muss meine Familie dort mit hinnehmen oder*
> *sonst irgendwas. Daran scheitert eben manches, und viele Lehrkräfte haben sich*
> *über den Rechtsweg zurück geklagt in ihr Ursprungsschulamt."*

Konfrontiert mit dieser Einschätzung, widerspricht der Schulrat und führt
seine positiven Praxiserfahrungen ins Feld:

„Das klingt für mich sehr nach Beamtenreaktion. (...) Durch Gespräche, in denen die Hintergründe und Sachzwänge ausführlich und nachvollziehbar besprochen werden, erklären die Kollegen dann doch ihr Einverständnis mit den beabsichtigten Personalmaßnahmen. Als Schulamtsleitung führe ich jedes Jahr einige wenige solcher Gespräche. Bisher immer mit Erfolg."

VERBESSERUNGSVORSCHLÄGE

Vor dem Hintergrund solch unterschiedlicher Einschätzungen bringt der Schulrat als grundlegenden Verbesserungsvorschlag ein verändertes Verständnis und eine verbesserte Praxis der Zusammenarbeit zwischen Ministerium, Schulamt und Schule ins Spiel und nimmt damit die eingangs dargestellten Rollenerwartungen an die unterschiedlichen Akteure noch einmal auf:

„Vom Ministerium erwarte ich, dass wesentliche Aufgaben für Schulämter und Schulen ausreichend kommuniziert werden. Die Diskussion von Umsetzungsstrategien sollte der Normalfall sein. Dafür muss Zeit eingeräumt werden. Ministerien müssen mit Schulamtsleitungen im Sinne von Personalentwicklung arbeiten. Auch für Ministerien sollte die eigene Qualitätsentwicklung selbstverständlich werden. Von Schulleitungen erwarte ich, dass sie den im Prozess der Entwicklung zu mehr Selbstständigkeit größer werdenden Freiraum nutzen. Ich benötige die Akzeptanz der Schulleitungen für meine Freiräume und die damit verbundenen Grenzen."

Entgegen dem Vorschlag, die Schulämter abzuschaffen, spricht sich der Schulrat für eine Stärkung und Verbesserung der Schulverwaltung, aber auch des Ministeriums aus. Dies allein könnte dazu beitragen, die gemeinsame Qualitätsentwicklung und das Zusammenwirken im Schulsystem zu befördern:

„Ich vermisse ein grundlegendes Verständnis von Organisationsentwicklung. Dadurch würde eine zielgerichtete Entwicklung für die jeweilige Einheit des Ministeriums für genauso wichtig erachtet werden wie die des Schulamtes. Für konkrete Aufgaben Strategien mit zu erarbeiten und/oder zu diskutieren, kann man schaffen, wenn man den daraus resultierenden hohen Zeitaufwand nicht scheut. Verständnis für eine zeitgemäße Zusammenarbeit der verschiedenen Behörden zu wecken, ist sehr viel schwieriger. Der immer vorhandene Zeitdruck ist das beliebteste Argument zur Verhinderung. Der Gedanke, dass man durch geeignete Formen der Zusammenarbeit diesen permanenten Zeitdruck teilweise vermeiden könnte, ist noch nicht weit verbreitet."

Die Schulleitung – von pädagogischer Verantwortung direkt an der Basis

Um exemplarisch die Sicht von Schulleitung auf das Bildungssystem nachzu-
zeichnen, haben wir ein Gespräch mit dem Schulleiter einer Schule und seinem
Stellvertreter geführt. Sie arbeiten in dieser Rolle eng zusammen und bilden ein
eingespieltes Leitungsteam, so dass wir nachfolgend beide als Schulleiter bezeichnen.

ICH UND DIE ANDEREN

Ihre zentrale Aufgabe sehen die beiden Schulleiter darin, an ihrer Schule die
pädagogische Arbeit mit den Schülern abzusichern und dafür Sorge zu tragen,
dass diese bestmöglich gefördert werden. Den Schwerpunkt ihrer konkreten
Leitungsarbeit bilden dabei Fragen der inneren Schulorganisation, womit ein
recht hoher Anteil an Verwaltungsarbeit verbunden ist:

> *„Und dafür den Kopf frei haben und nicht zu viel Verwaltung machen, das
> ist immer so der Wunschtraum eines Schulleiters. Denn wir beide sind nicht gern
> diejenigen, die am Schreibtisch sitzen. Ich möchte lieber mit Schülern und mit
> Kollegen arbeiten."*

Die Schulleiter betrachten die Verwaltungsaufgaben durchaus als Teil ihrer
Verantwortung und halten sie unter den gegebenen Umständen auch für notwendig. Dennoch sind sie der Meinung, dass viele vermeidbar wären, wenn Schulen
nicht immer wieder veränderte Vorgaben und Rahmenbedingungen erhielten:

> *„Aber du stößt an Grenzen, die gekoppelt sind an personelle und materielle
> Ressourcen. Und diese zu organisieren, das kostet momentan alle Kraft und
> Aufmerksamkeit, die Schulleitung so hat."*

Eine weitere Aufgabe, die viel Aufmerksamkeit und Zeit der Schulleiter
bindet, besteht darin, die Schule als Standort zu erhalten und eine angemessene
Ausstattung zu sichern. Da die Zuweisung von Ressourcen nämlich an die Zahl
der Schülerinnen und Schüler gekoppelt ist und die Schülerzahlen insgesamt
rückläufig sind, stehen viele Schulen untereinander in Konkurrenz:

> *„Da spielen so viele Faktoren eine Rolle, die wir eigentlich ganz und gar
> nicht gebrauchen können, um unsere Schule mindestens am Leben zu halten, was
> nicht reicht. Wir müssen ja jedes Jahr was Neues bieten, um sie attraktiv zu
> machen, damit wir wieder neue Siebtklässler bekommen."*

Dem starken Verantwortungsbewusstsein der Schulleiter für die innere Organisation und die pädagogische Qualität ihrer Schule steht die Wahrnehmung
gegenüber, nur über geringe Entscheidungsbefugnisse zu verfügen:

> *„Letztlich sind wir ja so oder so verantwortlich, aber wir haben nicht die
> Chance, etwas entscheiden zu dürfen."*

Mit Blick auf die Rolle des Schulamtes sehen die Schulleiter vier zentrale Aufgabengebiete: Verwaltung, Vermittlung, Kontrolle und Beratung. In der Praxis erleben sie das Schulamt jedoch vor allem als Verwalter:

„Für mich ist das staatliche Schulamt eine Verwaltungsinstitution, die im Endeffekt, sag ich mal, von oben Befehle nach unten gibt, und, wenn es Schwierigkeiten gibt, versucht zu regulieren. Mehr ist staatliches Schulamt nicht."

Die Verwaltungsfunktion der Schulämter beschränkt sich aus Sicht der Schulleiter darauf, die vom Ministerium zugewiesenen Sach- und Personalressourcen auf die einzelnen Schulen zu verteilen. Weil mit einer solchen Aufgabe jedoch kaum Gestaltungsspielräume verbunden seien, erscheinen die Schulämter ihnen eher als nachgeordnete Behörde, deren Bedeutung sich nicht erschließt:

„Ich denke, dass das auch teilweise die Zwänge sind, die ihnen vom Ministerium vorgegeben sind. Sie sehen sich als Verwaltung. Und sie verwalten ihre Stundenkontingente. (...) Sie kriegen Stundenkontingente, die brechen sie auf die Schülerzahlen runter. Aber das könnte im Ministerium eine Sachbearbeiterin auch machen. Da brauch ich kein staatliches Schulamt, da brauch ich keinen Schulrat. Wozu?"

Die vermittelnde Rolle hat das Schulamt lediglich im Hinblick auf Personalzuweisungen:

„Ich brauch das staatliche Schulamt eigentlich nur für die Personalpolitik: Welche Personen bekomme ich, wenn ich Bedarf an Lehrkräften habe?"

Eine Kontroll- und Beratungsfunktion dagegen, also das Wirken der Schulämter im Sinne einer unterstützenden Schulaufsicht, können die Schulleiter überhaupt nicht erkennen:

*„Schulleitung 1: Kontrollfunktion ist ja gar nicht.
Schulleitung 2: Da ist absolut nichts. Und fachlich gesehen läuft das über die Fachberater, also was macht dein Schulrat für dich?
Schulleitung 1: Schulaufsicht in dem Sinne ist es ja gar nicht, das war mal."*

Dabei wäre eine fachliche Unterstützung durch das Schulamt in Form von Beratung durchaus erwünscht:

„Ich brauche eine fachliche Anleitung, ich brauche eine fachliche Beratung. Ich brauche Hinweise als Schulleiter, z. B. ob die Profilierung meiner Schule hier richtig ist. Da ist das staatliche Schulamt mir in keinster Weise dienlich."

Mit Unterstützung meinen sie aber nicht nur die direkte Begleitung der Schulen durch das Schulamt, sondern beziehen sie auch auf die Vernetzung und den fachlichen Austausch von Schulen untereinander:

*„Eine fachliche Beratung, eine fachliche Betreuung erfolgt nicht. Ein Koor-
dinieren und Zusammenführen der Schulen auch nicht. Wir haben eine gemeinsame Dienstberatung, die monatlich stattfindet und deren Schwerpunkt ist: ‚Wir
teilen euch mit, dann und dann gibt es eine neue Verwaltungsvorschrift.‛"*

Die Rolle des Ministeriums aus Sicht der Schulleiter wurde bereits in Abgrenzung zu den Aufgaben der Schulämter deutlich. Sie erschöpft sich jedoch
nicht in der Zuteilung von Ressourcen oder der Bereitstellung geeigneter Strukturen. Darüber hinaus werden vom Ministerium Engagement und Entschei-
dungswille für die bessere Ausgestaltung des Bildungssystems erwartet:

*„Und in meiner Verantwortung als Schulleiter stelle ich fest, dass unsere
Schulart, so wie wir sie momentan haben, kein attraktives Schulmodell mehr ist,
sondern zu einem Restschulmodell verkommt. Und um es nicht verkommen zu
lassen, sind Initiativen, ist Engagement, ist eine Strukturierung erforderlich, wo
im Ministerium jemand sagen müsste, ok, das und das leisten wir uns für diese
Schulen. Denn nur dort kann die Entscheidung getroffen werden. Das kann so
ein Schulrat oder so eine Schulamtsebene nicht. Die kann mir dabei gar nicht
behilflich sein."*

EIN PROBLEM UND WIE ES ENTSTEHT

Als akutes Problemfeld in ihrem Arbeitsalltag beschreiben die Schulleiter, dass
es ihnen immer weniger gelingt, ihrer Kernaufgabe gerecht zu werden und alle
Kinder bestmöglich zu fördern:

*„Bei der Problematik unserer Schülerschaft wird uns in unangemessener
Weise (...) ein Kontingent zugewiesen, das eine Standardversorgung garantiert,
aber der Individualität der Schüler, ob es nun Dyskalkulie, LRS, Hyperaktivität
oder emotionale Verhaltensauffälligkeiten sind, in keinster Weise gerecht wird."*

Da die Stundenzuweisungen pauschal erfolgen, fehlt den Lehrerinnen und
Lehrern im Alltag häufig die Zeit, die individuellen Bedürfnisse vor allem derje-
nigen Kinder ausreichend zu berücksichtigen, die besondere Aufmerksamkeit
benötigen:

*„Gerade auch bei der zunehmenden Anzahl von Schülern mit Verhaltens-
auffälligkeiten ist es aus pädagogischer Sicht eigentlich viel wichtiger, dass Kollegen Zeit haben, sich mit diesen Kindern mehr zu beschäftigen und erst einmal
die Voraussetzung zu schaffen, dass du auf dem Gebiet des Lernens überhaupt
etwas erreichst."*

Als generelle Ursache für die fehlende Lehrerzeit machen die Schulleiter insgesamt nicht ausreichende finanzielle Ressourcen geltend: *„Hier wird an den Kindern ganz einfach gespart.“* Erschwerend komme hinzu, dass sie sich von denjenigen, die über die Zuweisung der Stundenkontingente entscheiden, in ihrem pädagogischen Anliegen nicht ernst genommen fühlen und den Eindruck haben, ihnen würden egoistische Motive unterstellt, wenn sie nach zusätzlichen Lehrerstunden fragen:

„Es wird auch nicht akzeptiert, dass man im Endeffekt Besonderheiten hat und dass wir die Stunden jetzt nicht für uns persönlich als Bereicherung haben wollen, sondern dass ich mit dem Kind arbeiten möchte. Und dafür braucht ein Pädagoge auch Zeit. Und diese Zeit muss ihm gewährt werden, weil er ansonsten Dienst nach Vorschrift macht, das heißt er erteilt seinen Unterricht pflichtgemäß und dann hat es sich. Aber wenn ich beispielsweise einen Autisten habe, dann weiß ich, dass ich ihn im Endeffekt, damit er den Anforderungen gerecht wird, individuell betreuen muss mit einem gewissen Kontingent an Stunden. Und dann gibt es die schönsten Verwaltungsvorschriften ‚kann man, sollte man, müsste man'. Und wir haben immer das Gefühl, dass uns hier ein Minimum an Stunden zur Verfügung gestellt wird und man wirklich richtig knietschig werden muss, um Stunden zu bekommen.“

LÖSUNGSMÖGLICHKEITEN UND -GRENZEN IM SYSTEM

Hinsichtlich der Frage nach Lösungsmöglichkeiten sind sich die beiden Schulleiter einig, dass weitere Verwaltungsvorschriften oder Vorschläge, wie die bestehenden Ressourcen anders eingesetzt werden könnten, ungeeignet seien, zum einen, weil sich solche generellen Vorgaben stets am Durchschnitt orientieren und ihren Handlungsspielraum als Schulleiter noch weiter einschränken würden. Zum anderen betrachten sie die verordnete Umverteilung von Ressourcen lediglich als eine Form der Problemverschiebung, die ihren Rechtfertigungsdruck gegenüber Eltern noch erhöhen würde:

„Auf der anderen Seite werden uns Vorschläge gemacht, wie wir die Stunden dann effektiv einsetzen können. So nach dem Motto, dann streicht ihr dort den Französischunterricht und nehmt die Stunden dafür, um den hyperaktiven Schüler zu betreuen. Wenn ich das aber mache, dann verliere ich ja wieder auf der anderen Seite und da klagen die Eltern dann. Ich brauche ja auch meine Französischstunden ...“

Aus Sicht der Schulleiter gibt es für das geschilderte Problem keine grund-sätzliche Lösung, die auf der Ebene der Schulen herbeigeführt werden kann. Es gelte zwar, durch schulinterne (Um-)Organisationen die Bedingungen vor Ort so gut wie möglich zu gestalten, aber darüber hinaus versuchen sie, mit einer Konflikt- und Eskalationsstrategie den Druck auf das Schulamt zu erhöhen, um zusätzliche Ressourcen für die eigene Schule zu erhalten bzw. eine weitere Kürzung zu verhindern:

„Aber ich sag mal ganz ehrlich, wenn die Situation so hart wurde, dass dann bei den Kindern, die sonderpädagogischen Förderbedarf haben, sogar gestrichen worden ist, habe ich auch persönlich meinen Rücktritt als Schulleiter auf den Tisch gepackt und gesagt: So, also unter den Bedingungen kann und will ich nicht arbeiten. Um einfach im staatlichen Schulamt etwas zu bewegen. (...) Du gehst eigentlich bis an die äußerste Grenze. Also wenn ein Schulleiter sagt, das kann ich politisch und moralisch nicht mehr verantworten, dann nehmen Sie bitte hier meinen Rücktritt zur Kenntnis, das kann ich nicht. Als Druckmittel hast du nicht mehr in der Hand. Und darauf reagiert das staatliche Schulamt dann mit Gesprächen, und wenn du Glück hast, geben sie dir noch ein paar Stunden.“

Den Schulleitern ist bewusst, dass sie mit dieser Strategie keine grundlegende Änderung erreichen, sondern nur eine punktuelle und für ihre Schule relevante „Lösung“ erzielen, die zudem immer neu verhandelt werden muss. Als einzige Instanz, die das Problem lösen könnte, wird daher das Ministerium gesehen:

„Das müsste im Ministerium in Angriff genommen werden, indem man dort sagt, ok, wir wollen diese Strukturen ändern.“

Um dort auf ihr Problem aufmerksam zu machen, haben sich alle Schulleiter der Region an einen Tisch gesetzt (!) und gemeinsam ein Schreiben an das Ministerium formuliert. Dabei hat sie ihr Schulrat unterstützt und bestärkt:

„Und wenn du einen guten Schulrat hast, und wir haben seit einem Jahr wieder einen guten Schulrat, dann sagt der auch deutlich, wie wir diese gemeinsamen Adressen bereiten können. Wir haben zum Beispiel neulich zusammen gesessen, da waren wir 30 Schulen. Wir haben vorher kleine Arbeitsgruppen gebildet, wo im Endeffekt Schulleiter ihre Wünsche an das Ministerium aufgeschrieben haben. (...) Und das konnten wir dank unseres neuen Schulrates dann auch wirklich dem Ministerium zuschieben. Dass die das erst mal in die Hand genommen haben. Sonst wirst du nicht gehört. Also der einzelne Schulleiter ist nichts.“

VERBESSERUNGSVORSCHLÄGE

Die größte Unzufriedenheit der Schulleiter besteht darin, von den Entscheidungen anderer abhängig zu sein und unter den gegebenen Bedingungen kaum eigene Lösungsansätze für ihre Probleme finden zu können. Entsprechend zielt ihr Verbesserungsvorschlag auf mehr Autonomie und damit verbundene strukturelle Änderungen:

„Mehr Eigenverantwortung. Ich habe von vielen Schulleitern erfahren, wir möchten auch gerne diese Verantwortung tragen. Wir würden dann sicherlich andere Strukturen haben. Du brauchst dann einen pädagogischen Leiter der Einrichtung und du brauchst eine gewisse Personalhoheit. In anderen Bundesländern ist das ja durchaus machbar, dass ein Schulleitungsmitglied wenigstens Mitspracherecht hat. Das können wir ja hier gar nicht. Ich bekomme meine Stunden, ich bekomme meine Personen und dann ist gut. Und den Rest musst du selbst machen. Aber die Chance, Schule zu entwickeln, um auch mit Schulen in freier Trägerschaft zu konkurrieren, verlangt von der Schulleitung heute eine höhere Entscheidungsfreude und einen ganz anderen Spielraum. Ich muss materielle Ressourcen eben frei und nicht kontingentiert einsetzen können."

Ein Punkt, der im Zuge einer höheren Eigenverantwortung besonders wichtig erscheint, betrifft die Personalhoheit für Schulen. Denn schließlich stellen qualifizierte Lehrkräfte eine Voraussetzung dafür dar, dass die Schulleiter ihrer pädagogischen Verantwortung auch gerecht werden können. Da die Zuweisung von Lehrkräften aktuell als die Hauptaufgabe der Schulämter gesehen wird, würden diese damit überflüssig:

„Es wäre wesentlich günstiger im Schulsystem, das staatliche Schulamt beiseite zu lassen und den Schulleitungen so wie es sich auch gehört Rektorrechte zu geben. Wir haben auch für die Personalpolitik Sorge zu tragen und Kollegen zu gewinnen. Oder Kollegen, die die Bedingungen nicht erfüllen, zu verabschieden."

Schlussbemerkung

Wie eingangs beschrieben wurde, sind unsere Erkenntnisse sowohl aus den einzelnen Gesprächen als auch aus der Gegenüberstellung der verschiedenen Sicht-
weisen bereits in die „sechs Thesen zur Interaktionsqualität zwischen den Akteuren des Bildungssystems" eingeflossen (s. S. 16 ff.). Unabhängig davon, wie
zutreffend, unzulänglich oder diskussionswürdig unsere Analyse in einzelnen
Punkten auch sein mag, so wird eines doch deutlich: Um die bestehenden
Herausforderungen unseres Bildungssystems zu meistern, bedarf es in erster
Linie eines ernsthaften Dialoges zwischen den Verantwortungsträgern im Mi-
nisterium, in der Schulverwaltung und an den Schulen – über die gemeinsamen
Ziele ebenso wie über die jeweiligen Handlungsmotive, -strategien, -grenzen und
Erwartungen.

Alle Vertreter der drei Ebenen verfügen über einen sehr klaren – zuweilen
übereinstimmenden – Blick auf konkrete Problemlagen, die einer gelingenden
Steuerung und damit einer guten oder besseren Schule im Wege stehen. Gleichzeitig beschreiben sie Lösungsstrategien und regen grundlegende Verbesserungen an, die aus ihrer jeweiligen Perspektive zwar nachvollziehbar und angemessen erscheinen, mit denen jedoch immer auch Erwartungen an andere Akteure
verbunden sind. Das zeugt einerseits von einem gemeinsamen Bewusstsein dafür, dass isoliertes Handeln in einem solch komplexen System nicht möglich ist.
Andererseits werden diese Erwartungen aber häufig nur ansatzweise von denen
geteilt, an die sie gerichtet sind, oder von ihnen aus ebenfalls nachvollziehbaren
Gründen zurückgewiesen. Auf diese Weise entsteht ein Kreislauf von Enttäu-
schungen und Missverständnissen, der demotivierend auf alle Beteiligten wirkt
und der vor allem viele Ressourcen bindet, die doch so nötig an anderer Stelle
gebraucht werden.

Wie Dialog und gemeinsames Handeln in der konkreten Praxis gelingen
können und gelingen, zeigen die Beispiele, die von den Autorinnen und Autoren
im zweiten Teil dieses Buches vorgestellt werden.

Literatur

Langer, Roman (2008): Steuerungs-Intentionen und Educational Governance – eine Ein-
    leitung. In: Langer, Roman (Hrsg.) Warum tun die das? Governanceanalysen zum
    Steuerungshandeln in der Schulentwicklung. Wiesbaden 2008, S. 7-16.

Teil 2: Erfahrungen und Lösungsansätze

Einleitung: Bildungsqualität erreichen, wenn Menschen miteinander reden

Anja Durdel

> *„Kein System veranlasst von selbst, dass etwas in Ordnung kommt. Es sind die Menschen, die das bewirken müssen. Und unsere Menschen haben immerfort Angst [...]."*
>
> (Marion Gräfin Dönhoff 2004, S. 68)

Im vorangehenden Teil haben Knoke und Hoffsommer Thesen herausgearbeitet, warum Verantwortungsträger im Bildungssystem nicht (immer) auch Verantwortung übernehmen: Motivationsprobleme, eine fehlende gegenseitige „Ernstnehmkultur", die immer auch mit unklaren Zielsetzungen und Erfolgsindikatoren verbunden ist, sowie Möglichkeiten, Verantwortung abzuschieben, wurden als Ursachen vermutet. Aufgabenbereiche, die sich bei der Organisation von Abläufen im Bildungssystem ergeben – in den Interviews häufig genannte Beispiele waren Vermeidung von Unterrichtsausfall, Personaleinsatz, Planungsautonomie und Leistungsrückmeldungen zwischen Vorgesetzten und Verantwortungsträgern –, kommen deshalb nicht „in Ordnung", wie Dönhoff sagen würde. Mangelhafte Verantwortungsübernahme durch die steuernden Menschen im Bildungswesen – das ist angesichts von zahlreichen Programmen, die immer auf verantwortungsbewusste und verantwortungsbereite Kinder und Jugendliche und eventuell deren Pädagoginnen und Pädagogen zielen[1], nie jedoch auf die Steuerungsebene, ein überraschender Befund. In der Reflexion der vor allem an junge Menschen gerichteten Demokratieprogramme finden wir jedoch „Zutaten" für eine gelingende demokratische Erziehung, die auch den von Knoke/Hoffsommer

---

1 „Jugend übernimmt Verantwortung": Stiftung Brandenburger Tor – 1998-2005; „Demokratisch handeln": Theodor-Heuss-Stiftung – seit 2009; „Demokratie lernen und leben": Bund-Länder-Kommission für Bildungsplanung und Forschungsförderung – 2002-2007

herausgestellten fehlenden Ingredienzien des erfolgreichen Steuerungshandelns entsprechen. Zum Beispiel hier:

„Neugier repräsentiert die grundlegende kognitive Einstellung und Antwort auf Sachen und Sachverhalte. Das heißt: interessiertes Ernstnehmen und Lernenwollen – die Grundstruktur der Bereitschaft zur Innovation. (...) Respekt repräsentiert die grundlegende moralische Einstellung der Anerkennung, der Achtung und Verantwortung vor anderen und vor interpersonalen Beziehungen. Davon hängt die Qualität der Interaktion mit anderen ab, die Abwehr der Barbarei, die sich ergibt, wenn Menschen als bloße Mittel für die eigenen Kalküle instrumentalisiert werden. Neugier und Respekt sind folglich die kognitive und soziomoralische Basis der Verantwortung vor Sachen und Personen. Hieraus ergibt sich die normative Struktur der Entwicklungsprozesse und Entwicklungsziele, die das Wissen und das Können konstituieren, welche den Wirksamkeitsüberzeugungen und Handlungsverpflichtungen, d. h. der Bereitschaft zur Verantwortungsübernahme zugrunde liegen." (Edelstein 2008, S. 13)

Die auf
- Motivation,
- Verantwortung,
- Anerkennung,
- Ernstnehmen und
- Wirksamkeitserfahrungen

abzielenden Voraussetzungen für eine gelingende Steuerung im Bildungssystem sollen in diesem Teil des Buches aufgenommen und mit Handlungsvorschlägen und Beispielen untersetzt werden. Quellen gibt es dafür verschiedene: So schreibt beispielsweise Dennis Shirley in einem beeindruckenden Artikel zur „Post-Standardisierungs-Ära" in den USA, die auf die gescheiterte Test-Ära folge und insofern wahrscheinlich wie ein Blick in unsere eigene Zukunft ist: *„Wie wäre es, wenn wir die LehrerInnen selbst fragen würden, was sie statt der standardisierten Prüfungen vorschlagen?"* (2009, S. 48). Eine Untersuchung habe ergeben, dass so gefragte Lehrkräfte *„kleineren Leistungsüberprüfungen während des Jahres den Vorzug"* geben würden, um dann entsprechend den zügig zurück gemeldeten Resultaten ihren Unterricht anpassen zu können (ebenda). Zu vermuten ist, dass Akteure der Bildungsadministration mit derart überlegten, verantwortungsbewussten Vorschlägen aus der pädagogischen Praxis nicht rechnen und sie deshalb in der Regel auch gar nicht erst erfragen.

Die hier versammelten Beispiele aus Deutschland, wie unterschiedliche Akteure Verantwortung für das verbesserte Zusammenspiel im Bildungssystem übernehmen, sollen den Möglichkeitssinn bei Leserinnen und Lesern weiten und sie ermutigen, selbst andere Kommunikationsformen, Abstimmungs- und Entscheidungswege auszuprobieren und dem Partner Zutrauen entgegen zu bringen. Deshalb haben wir Autorinnen und Autoren gebeten, für ihre Beiträge konkrete Geschichten, reale Beispiele und authentische Materialien zu verwenden. Außerdem waren Erkenntnisse über Ge- und Misslingensbedingungen gewünscht. Zwar kann man gerade dann, wenn es um die Veränderung komplexer Systembedingungen geht, nicht davon ausgehen, dass Prozesse kopierbar oder eins zu eins übertragbar seien. Aber sie können auf den eigenen Kontext passende Anregungen enthalten, die dann gemeinsam mit den „Spielern" im eigenen System weiter entwickelt werden.

Als Tribut an die Autorinnen und Autoren hier also eine eigene kleine Geschichte, die hoffentlich Anregungen für ein gelingendes Zusammenspiel unterschiedlicher Akteure im Bildungssystem enthält:

In einem Bundesland sollte eine erprobte Lernform, die darauf zielt, lernschwache Schüler durch praktisches Lernen in Unternehmen zu motivieren und zu fördern, in die Breite getragen werden. Der zuständige Referent im Kultusministerium fürchtete Widerstände aus unterschiedlichen Richtungen (von den Modellversuchsschulen, die ihre Modellbedingungen behalten wollen, von „Normalschulen" und Schulämtern, die Organisations- und Veränderungsaufwand vermeiden wollen usw.). Um den erwarteten Sperrigkeiten zu entgehen, lud er zwei unabhängige Moderatorinnen ein, einen „Konstruktionsprozess" in einer Gruppe von Schulleitern, Lehrkräften, Schulamts- und Unternehmensvertretern zu begleiten. Ziel: einen Prozess beschreiben und Bedingungen entwerfen, mit denen eine Ausweitung des Modells gelingen könne.

Eine Vereinbarung des so zustande gekommenen zweieinhalbtägigen Workshops war es, ausgehend von den unterschiedlichen Expertisen und Rollenzwängen der anwesenden Personen, Qualitätsindikatoren und einen für alle gangbaren Reformweg zu skizzieren, also beispielsweise auch keine Bedingungen zu fordern, die das zuständige Ministerium nicht einlösen kann.

Die Veranstaltung war ein Erfolg: Die von der Gruppe erarbeiteten Ziele und Bedingungen für den Reformprozess wurden von einer auch zukünftig weiter arbeitenden Teilgruppe – bestehend aus Lehrkräften mit angerechneten Deputatsstunden und Erfahrungen mit praktischem Lernen – aufbereitet und unter Federführung des Kultusministeriums in die Tat umgesetzt.

Folgende Rahmensetzungen für die gemeinsame Entwicklungsarbeit haben im Rückblick zum Gelingen beigetragen:

- *externe Moderation*
- *klare Auftragsformulierung durch das Kultusministerium an die Moderatoren*
- *Arbeit in Tagungsstätte in schöner Umgebung*
- *Teilnehmerschaft, die über alle Hierarchieebenen hinweg die später an der Umsetzung der Reform Beteiligten abbildet*
- *Darstellung der Zwänge und Begrenzungen, unter denen die rahmensetzenden Institutionen, besonders das Ministerium, stehen*
- *Erstellen gemeinsamer Arbeitsregeln*
- *Erstellen eines Ressourcenkoffers (Synergien zu anderen Programmen im Land, nutzbare Unterstützungssysteme, vorhandenes Wissen an Modellschulen etc.), um das zu würdigen, was es schon gibt, und den „Forderungskatalog" nicht unnütz aufzublähen*
- *Koppelung von Visionenarbeit (Zukunftswerkstatt) und Projektplanungsarbeit*
- *Dokumentation der Ergebnisse und Übergabe an die Teilgruppe, die mit den Ergebnissen weiter arbeitet*

Als zeitaufwendig (zwei halbe Tage), aber besonders wirkungsvoll erwies sich die Arbeit mit einer Planungsmatrix, die die Beteiligten zwang, sich in die Rollen und Aufgaben aller beteiligten Akteure hineinzudenken und dennoch nicht die Hauptzielgruppe – die Kinder und Jugendlichen – aus den Augen zu verlieren. Gefragt wird bei diesem Vorgehen: Woran erkennt man, dass ein Veränderungsprozess für Kinder und Jugendliche erfolgreich ist? Wer verfolgt welche Ziele, muss dafür was tun und bekommt welche Unterstützung? Zu mehreren übergeordneten Themen erarbeiteten verschiedene Gruppen Umsetzungsvorschläge: Eine Arbeitsgruppe, in der vor allem Schulleiterinnen und Lehrkräfte vertreten waren, nutzte dazu die Matrix, um über notwendige Schritte hin zu einer Professionalisierung und Haltungsänderung von Lehrkräften nachzudenken. Hier Auszüge aus dem Ergebnis:

Motto: „Der Lehrer als Mensch"

Kinder und Jugendliche	Pädagogen	Bildungsinstitution	Externe Partner, Schulträger, Ministerium
Wirkungen *Für welche bildungspolitisch relevanten Herausforderungen werden Lösungen gesucht?*			
z. B. • werden in ihren Stärken gefördert • gehen ohne Angst zur Schule	z. B. • professionalisieren sich in stärkeorientierter Förderung	z. B. • richtet Konzepte und Lernumgebung an den Lern- und Entwicklungsbedürfnissen der Kinder und Jugendlichen aus	z. B. • geben Schulen Rückmeldung und Unterstützung bei der Sicherung des Schulerfolgs
Ziele *Was soll erreicht werden?*			
z. B. • lernen handlungsorientiert an realen Aufgaben • erleben und dokumentieren ihre Lernerfolge	z. B. • setzen sich Ziele für ihre pädagogische Arbeit • werden kompetent in Diagnostik, Förderung und Beratung • verändern Arbeitszeit und z. T. -orte	z. B. • sucht sich Kooperationspartner • überarbeitet Personaleinsatz- und Entwicklungskonzept • sammelt Indikatoren für Schulerfolg	z. B. • Ministerium, Landesverwaltungsamt, Schulträger u. a. beraten gemeinsam über Stand und notwendige Unterstützung von Schulen
Ergebnisse *Woran kann man den Erfolg erkennen?*			
z. B. • führen ein Lerntagebuch • verantworten Teile des Schullebens und können ihren Verantwortungsbereich benennen • erreichen bestmöglichen Abschluss	z. B. • arbeiten längere Zeit im Team als allein • erhalten Rückmeldung zu ihrer Arbeit von Schülern, den Lehrerteams, der Schulleitung und/oder externen Partnern	z. B. • Gesamtklausur zu Visionen und Zielen findet statt • Selbstevaluations- und Rückmeldesysteme für Schulerfolg vorhanden • Krankenstand wird geringer	z. B. • Schulen verfügen über Förderstunden- und Fortbildungskontingent • es gibt ein bedarfsorientiertes Fortbildungsangebot

		Input	
	Wer bekommt dafür welche Unterstützung?		
z. B.	z. B.	z. B.	z. B.
▪ lernen an unterschiedlichen Orten ▪ sind mit pädagogischem und nicht pädagogischem Personal im Gespräch ▪ erhalten Lernmethodenkoffer ▪ Kommunikationsgruppe (Lernatmosphäre und Schulleben)	▪ Stunden für Lernen an anderem Ort und Teamarbeit ▪ Hospitationen bei Kollegen/an anderen Schulen ▪ Trainingsangebote zu Kommunikations- und Konfliktfähigkeit	▪ Schulberatung ▪ Unterstützung bei organisatorischer Abwicklung der Arbeit mit außerschulischen Partnern ▪ angemessene und/ oder flexible Deputate	▪ Schulverwaltung erhält selbst Fortbildung und Beratung, z. B. zu bedarfsgerechten Unterstützungssystemen und konsistentem Bildungsmanagement

Übertragbar an der hier anskizzierten Arbeit ist wahrscheinlich, dass die Vertreter unterschiedlicher Verantwortungsbereiche – von Lehrkräften und außerschulischen Partnern über Schulleitungen zu Schulamts- und Ministerialvertretern – in gemeinsamer Runde darüber nachdenken, welche Ideen und welchen Anteil sie zu und an einer bevorstehenden Veränderung haben. Die Folge ist nicht nur, dass unterschiedliche Bedürfnisse sichtbar gemacht und „abgemischt" werden können. Die Teilnehmerinnen und Teilnehmer fühlen sich durch diese Arbeitsweise in besonderer Weise ernst genommen und gehen hart mit sich/der eigenen Bezugsgruppe ins Gericht. Die Ergebnisse der Gruppe „Der Lehrer als Mensch" zeigen – etwa wenn die beteiligten Pädagoginnen ihren Fortbildungsbedarf benennen oder feststellen, dass sich die Arbeitsorganisation (Zeit, Ort, Team) verändern muss – eine innere Bereitschaft für Veränderungen. Man kann sich denken, wie solche Anliegen von Lehrkräften aufgenommen würden, wenn sie „von oben" verordnet worden wären.

Helmut Hochschild hat für dieses Buch Erfahrungen aus Berlin Reinickendorf notiert, die zeigen, wie Schulleitungen in Netzwerken tatsächlich das „Heft des Handelns" in die Hand nehmen. Er konkretisiert damit Ideen, die bei dem von Knoke und Hoffsommer verwendeten Interviewmaterial sowohl die Schulleiter als auch die Person aus dem Kultusministerium als umsetzbar und hilfreich entwickelt haben. Interessanterweise spielt die Schulverwaltung in den Beispielen von Hochschild nur in den seltensten Fällen eine helfende Rolle – die Verbesserung der schulischen Situation wird durch „Steuerung von unten" und Abstimmung zwischen Bildungsträgern im Kiez erreicht.

Dörte Feiß und *Hans-Werner Schäfer* zeigen am Beispiel Hamburgs auf, dass auch „von oben" gesteuerte Reformprozesse gelingen können, indem sie geeignete Strukturen – in diesem Falle Regionale Schulentwicklungskonferenzen – implementieren. Gelingensvoraussetzungen sind die partizipative Einbeziehung aller Beteiligten(gruppen) sowie die Transparenz der Abläufe und Entscheidungen.

Michael Wilmes stellt die zunehmende Bedeutung eines klugen Steuerungsmanagements im IT-Bereich heraus. Die Berliner Senatsverwaltung für Bildung, Wissenschaft und Forschung koordiniert in einem Projekt (eGovernment@School) die unterschiedlichen Handlungsbereiche der unterrichtlichen Nutzung, der Online-Dienstleistungen, der Informationsbereitstellung sowie der Vernetzung der Verwaltung zur Optimierung von Ressourcennutzung unter Berücksichtigung der Nutzerfreundlichkeit, aber auch datenschutzrechtlicher Belange.

Maren Wichmann berichtet von einem Prozess in Schleswig-Holstein, bei dem die Verantwortung für die Qualitätsentwicklung von Schulen vom Ministerium an die Schulen selbst übergeben wird. Das besondere: Die Kriterien wurden in einer Art Audit transparent gemacht. Begleitet wird der Prozess durch ein Unterstützungs- und Fortbildungssystem.

Peter Bleckmann beschreibt, wie Verantwortungsgemeinschaften aus Zivilgesellschaft und Angehörigen des Bildungssystems in sogenannten „Bildungslandschaften" lernen können, durch das Anstreben eines gemeinsamen Ziels zum Wohle von Kindern zu kooperieren. Dabei geht es um umfängliche und lang andauernde Umsteuerungsprozesse, zu denen es aber perspektivisch keine Alternative geben wird.

Andreas Knoke richtet den Blick auf die Frage, wie die Motivation von Lehrerinnen und Lehrern gezielt zum Ausgangspunkt für Schulentwicklungsprozesse gemacht werden kann. Ausgehend von der Trias „Müssen-Wollen-Können" beleuchtet er damit diejenige der drei Entwicklungsbedingungen, die in der Zusammenarbeit von Ministerien, Schulämtern und Schulen noch viel zu selten beachtet wird: den eigenen Antrieb. Am Beispiel des Modellvorhabens prima(r)forscher stellt er konkrete Ansätze vor, wie ein solcher Zugang verwirklicht werden kann.

Literatur

Dönhoff, Marion Gräfin (2004): Egoismus und Gemeinsinn. In: Was mir wichtig war. Letzte Aufzeichnungen und Gespräche. München. S. 63-80.

Edelstein, Wolfgang (2008): Lernen in Projekten: Überlegungen zur Verantwortungspädagogik. In: Stiftung Brandenburger Tor (Hrsg.): Der bundesweite Wettbewerb Jugend übernimmt Verantwortung (1998-2005). Berlin, S. 10-19.

Shirley, Dennis (2009): Die Musik der Demokratie. Die Entstehung von Strategien für eine neue Ära der Poststandardisierung. In: journal für schulentwicklung, 23. Jg., H. 2, S. 44-59.

Von Kiezrunden und Bezirkstandems: Geteilte Verantwortung in Bottom-up-Netzwerken

Helmut Hochschild

Transparenz und Vernetzung innerhalb der Schule als wichtige Grundvoraussetzung für effektives, zielorientiertes Handeln

Die folgende Schilderung einer Schulentwicklung in Abstimmung mit anderen Einrichtungen im sozialräumlichen Umfeld basiert auf der Erfahrung des Verfassers. 24 Jahre war er in der Nordberliner Paul-Löbe-Hauptschule als Lehrkraft, Klassenleiter mit mehr als der Hälfte des Unterrichts in einer Klasse, als Vertrauenslehrer, als stellvertretender Klassenleiter in Doppelsteckung mit einer Sonderpädagogin und schließlich als Schulleiter tätig. Über den gesamten Zeitraum und in all den genannten Rollen sah er sich als gleichwertiges Mitglied eines aktiven, kommunikativen, Mitverantwortung tragenden Kollegiums. Diese gemeinsame Arbeit war so wirkungsvoll, dass zum einen die Paul-Löbe-Schule zu den angesehensten Hauptschulen in Berlin zählte und zum anderen ihr Bestand und ihre Weiterentwicklung keinen Schaden nahmen, als der Schulleiter von einem Tag auf den anderen die Leitung einer anderen Hauptschule übernehmen musste.

Die Grundlage für die erfolgreiche Arbeit war eine kommunikative, kollegiale Schulleitung im Team und absolute Transparenz der Leitungsarbeit. Dies soll einleitend beschrieben werden, bevor die Vernetzung der Schule mit ihrem Umfeld dargestellt wird.

Traditionelle Schulleitung und ihre Gefahren

An Gymnasien oder Gesamtschulen sind die Voraussetzungen für die Arbeit in Schulleitungsteams schon aufgrund der vielen direkt oder indirekt zur Schulleitung gehörenden Beförderungsposten gegeben. (Ob sie genutzt werden, bleibt eine andere Frage ...) Wie sieht es aber bei den anderen Schultypen aus, an denen die Schulleitung in der Regel aus zwei oder höchstens drei Personen besteht? Besteht hier nicht die große Gefahr, dass Entscheidungen in dem sehr kleinen Schulleitungsrahmen schnell und nicht immer unter Einbeziehung aller wichtigen Fakten und Gedanken getroffen werden müssen, so dass der bestmögliche

Weg manchmal nicht gefunden und beschritten wird? Eine weitere Folgeerscheinung dürfte ebenfalls vielen Kolleginnen und Kollegen nicht unbekannt sein: Die Grundlagen für eine von der Schulleitung getroffene Entscheidung sind nicht bekannt. Damit beginnen Spekulationen oder Unterstellungen, die aufgrund mangelnder Kommunikationsmöglichkeiten oder -fähigkeiten in der Schule zu Unruhe und offenen bzw. versteckten Konflikten führen. Häufig fehlen Transparenz und vielfältige Kommunikation.

Ausgangspunkt war eine Notlage

1993 verließ der damalige Schulleiter überraschend die Paul-Löbe-Schule und der erst seit einem Jahr amtierende, junge Konrektor stand vor der Frage, wie er seine Arbeit als nun kommissarischer Schulleiter ohne seinen Kooperationspartner bewältigen solle. In dieser Situation entwickelte ein großer Teil des Kollegiums die Idee, gemeinsam mit ihm ein Leitungsteam einzurichten:
Fünf Kolleginnen und Kollegen fanden sich für die Vertretungsplanung, die seither bis heute täglich wechselnd von zwei der fünf organisiert wird. Durch das „Rotationsprinzip" traten zwar anfänglich etwas häufiger Fehler auf, doch das führte zum Mitdenken der Kolleg/innen und vor allem zu Transparenz. Es gibt kaum noch negative Spekulationen über Bevorzugungen oder Benachteiligungen. Als „opulenten" Ausgleich erhalten die „Vertretungsmanager/innen" jeweils eine Ermäßigungsstunde aus dem Verwaltungsstunden- und Konrektorentopf.

Grundsatz: völlige Transparenz und möglichst breite Kommunikation

Weitere drei Kollegen gehörten und gehören zum Schulleitungsteam. Sie arbeiten beim Stecken des Stundenplans mit. Diskussionen über Klassenleitertätigkeiten, Einstellungsvorgaben, über Fächerzuweisungen und vor allem über die Einbeziehung der Wünsche aller Teile des Kollegiums werden in Teamsitzungen geführt. Denn die Ausgangsthese, dass die Arbeit einer Schule am effektivsten und am besten ist, wenn möglichst viele sinnvolle Wünsche erfüllt werden können, wird von allen Teammitgliedern vertreten. In den Gesamtkonferenzen werden Informationen vom Team an alle anderen weitergegeben. Dass jedes Teammitglied zu allen Zeitpunkten zwischen den Konferenzen Auskunft geben können soll, ist selbstverständlich. So kann sich jedes der etwas über 40 Kollegiumsmitglieder im Prinzip zu jeder Zeit an eine/n der zehn Kolleg/innen wenden, die über alle die Schule betreffenden Fragen Auskunft geben können. Auf Spekulationen ist niemand mehr angewiesen. Dass trotzdem einige wenige teilweise unbegründete Vorbehalte pflegen, weil sie die Fragen nicht oder nicht zur richtigen Zeit stellen, kommt dennoch vor. Die Ermäßigung für die „Planstecker" beträgt, sage und schreibe, ein bis zwei Ermäßigungsaufsichten pro Woche, aber auch die Zufriedenheit mit der geleisteten Arbeit und dem positiven Ergebnis ist eine wichtige Belohnung.

Einhaltung demokratischer Regeln

Es versteht sich beinahe von selbst, dass kein einziger Euro des Schuletats ohne Zustimmung des Finanzausschusses, der von jeder Kollegin und jedem Kollegen aufgesucht werden kann, ausgegeben wird. Die Vorgaben des Schulträgers werden allen bekannt gegeben. Ein pauschaler Schulleitungsetat existiert ebenfalls nicht. Die ständig offenen Türen der Schulleitungsräume sind ein Ausdruck der Transparenz der gesamten Schulleitungsarbeit. Dass Hausmeister und Schulsekretärin in einer wöchentlichen Dienstbesprechung in die schulische Kommunikation einbezogen werden, gehört ebenfalls dazu.

Zur Weiterentwicklung des Schulprogramms wurden immer wieder offene Teamsitzungen und anfänglich sogenannte Kneipenrunden, deren Termine im Lehrerzimmer ausgehängt wurden, angesetzt und damit vieles in Bewegung gebracht.

Auch in diesem Kollegium hat es zu manchen Zeitpunkten Skeptiker an dieser Art von Schulleitung gegeben. Es wurden personalrechtliche Bedenken geäußert, weil nicht gewählte bzw. benannte Personen an Entscheidungsprozessen beteiligt wurden. Auch Vermutungen, die Teammitglieder würden sich gegenseitig begünstigen, wurden hier und da geäußert. Wer sich aber die Mühe machte, solchen Gerüchten nachzugehen, fand keine Anhaltspunkte dafür. Einmal jährlich wird in der Gesamtkonferenz über die Zusammensetzung des Teams diskutiert und abgestimmt.

Mit dieser Basis des Vertrauens und der Mitverantwortung zwischen Kollegium und Schulleitung ist eine wichtige Voraussetzung für ein vertrauensvolles Gesamtklima geschaffen, das sich dann auch in das Umfeld der Schule auswirkt.

Wirkung von Netzwerken bei Wandlungsprozessen

Von der innerschulischen Entwicklungsarbeit zur Kooperation im Umfeld

Ein gut organisiertes Schulleitungsteam schafft zusammen mit seinem Kollegium Ressourcen für neue Wege der Arbeitsorganisation und festigt sie bereits bei der Entstehung mindestens für mittelfristige Zeiträume. Auf diese Weise wandelt sich die Schule vom „Closed Shop", der mit Problemen allein fertig werden muss, zu einem Bestandteil der Gemeinde bzw. des Schulumfeldes.

In der Paul-Löbe-Schule entwickelten sich Kooperationen mit Institutionen wie Jugendamt und Jugendförderung, der Polizei, Sportvereinen, Wirtschaftsunternehmen sowie anderen Schulen und Bildungseinrichtungen. So haben sich z. B. aus einigen Wahlpflicht-Arbeitsgemeinschaften leistungsfähige Schülerfirmen entwickelt, die mit Unternehmen aus der Nachbarschaft zusammenarbeiten. Sowohl die Anzahl der für die Schüler zur Verfügung stehenden Praktikumsplätze als auch die Übergangsquote in betriebliche Ausbildung wurden erheblich gesteigert. Experten aus Innungen und Wirtschaftsunternehmen gestalteten Unterrichtssituationen mit und steigerten bei der Schülerschaft das Interesse an vielfältigen alltagsrelevanten Inhalten. Durch die Zusammenarbeit mit Trägern der Jugendförderung konnten berufsorientierende Projekte zu Steigerung der ausbildungsrelevanten Kompetenzen der Schülerinnen und Schüler organisiert werden. Mit der Polizei wurden viele Projekte zur Gewaltprävention durchgeführt, die sowohl zu einem besseren Rechtsbewusstsein als auch zu einem gesteigerten Selbstbewusstsein und damit zur Vermeidung der Opferrolle führen.

Vielfältige weitere Projekte, die direkt oder indirekt auch die Unterrichtsinhalte und die Unterrichtsorganisation beeinflussen, zogen und ziehen durch die Kreativität und die Handlungskompetenz des Schulleitungsteams in die Schule ein und bereiten durch eine hohe Kommunikationsintensität nach innen und außen Wege für zügige gesellschaftsrelevante Veränderungen. Dazu einige Beispiele:

Die Kiezrunde

Seit Jahrzehnten existierten eines der größten Jugendfreizeitheime des Bezirks Reinickendorf und die Paul-Löbe-Schule nebeneinander, ohne miteinander zu kommunizieren oder gar zu kooperieren. Nach einem Besuch von Schulleitungsmitgliedern beim Leiter des Jugendfreizeitheimes entwickelten sich ein kontinuierlicher Kontakt und die sofortige Mitwirkung in einer neu entstehenden „Kiezrunde". Hier saßen ein Mitarbeiter der Jugendförderung, der Leiter eines freien Trägers für Streetworking, der Leiter des Kinder- und Jugendpsychiatrischen Dienstes und ein für Jugendkriminalität zuständiger Polizeibeamter zusammen. Diese noch nicht institutionalisierte Runde nannte sich Kiezrunde und traf sich alle zwei Monate. Der Ablauf gliederte sich in eine Runde, in der über die aktuelle Arbeit mit einzelnen Jugendlichen gesprochen wurde. Hier wurden Informationen ausgetauscht und die Zusammenarbeit in Einzelfällen organisiert. Der zweite Teil der Sitzung wurde von der Entwicklung der Struktur und der zukünftigen Arbeit eines gemeinsamen Netzwerkes bestimmt. Neue Institutionen wurden dazu geladen, gemeinsame Aktivitäten geplant und der Ort und die Leitung jeder nächsten Sitzung festgelegt. Dadurch rotierten die Verantwortung und die Organisation der Sitzungen über alle Mitglieder der Kiezrunde. Ferner lernten alle die Örtlichkeiten der verschiedenen Institutionen kennen und übernahmen Verantwortung für die zielorientierte Weiterführung der Kiezrunde. Eine Hierarchie gab es innerhalb der Kiezrunde nicht. Für alle beteiligten Institutionen ergaben sich vor allem anfangs viele neue Möglichkeiten der Kooperationen, die auch zu einem Wandel innerhalb der jeweiligen Einrichtung führten. Vor allem das Ziel, die Arbeit mit den Jugendlichen effektiver zu gestalten, stand immer im Mittelpunkt.

Als allerdings ein Mitarbeiter der Jugendhilfe die Runde im Sinne der im Jugendhilfegesetz formulierten Verpflichtung zur Vernetzung unterschiedlicher Einrichtungen institutionalisierte, änderte sich die nun stark formalisierte Kommunikationsstruktur zugunsten der Anliegen der Verwaltung und zuungunsten der Jugendorientierung. Die Anzahl der Teilnehmer an der Kiezrunde nahm durch die wachsende Zahl der freien Träger der Kinder- und Jugendförderung drastisch von 15 auf 35 zu, die Themen der nicht zur Jugendförderung gehörenden Institutionen wurden an den Rand gedrängt und einige dieser Teilnehmer sprangen ab.

Es war eine Hierarchie entstanden, die dazu führte, dass einige Mitglieder sich nicht mehr in der Mitverantwortung fühlten. Die Institutionalisierung hat den Kommunikationsprozess gestört. Dennoch blieben u. a. eine engere Zusammenarbeit zwischen einzelnen Institutionen und ein gemeinsames Kiezfest einmal im Jahr.

Die Runde der Schulleitungen in Reinickendorf Ost

In dem eben beschriebenen Kiez bzw. Ortsteil gibt es fünf Grundschulen (in Berlin mit den Jahrgangsstufen 1 bis 6), zwei Gymnasien, eine Realschule und eine Hauptschule. In der Kiezrunde entstand die Idee, dass sich die Leitungen der neun Schulen in einem vierteljährlichen Rhythmus treffen sollten – gesagt, getan. Die Umstände, dass die Sozialstruktur in dem Ortsteil rasant prekärer wurde und die Ressourcen für die alltägliche Organisation knapper wurden, waren zwei von vielen zusätzlichen Motivationen für diese Treffen.

Auch hier strukturierten sich der Sitzungsverlauf nach dem obigen Muster: Zuerst wurden Einzelfälle von wechselnden Schüler/innen, Beispiele der Zusammenarbeit mit dem gemeinsamen Schulträger und der Schulverwaltung sowie Erfahrungen der täglichen Organisation ausgetauscht. Daraus ergaben sich für den zweiten Teil Themen, aus denen sich langfristige Veränderungen der Zusammenarbeit bzw. der Struktur des Informationsaustausches entwickelten. Die Runde hat z. B. dazu geführt, dass die Organisation der Beratung für die Schülereltern der sechsten Klassen zum Übergang auf die weiterführenden Schultypen zentralisiert und damit sowohl Personal als auch Zeit gespart wurden. Bei der Durchsetzung einiger Forderungen gegenüber dem Schulträger und der Senatsverwaltung war das gemeinsame Auftreten der Schulen aus diesem Ortsteil ebenfalls sehr wirkungsvoll.

Die einzige Gefahr, die diese Runde zu stören droht, sind die begrenzte Zeit und die gleichzeitig zunehmenden Aufgaben, mit denen die Schulleitungen belastet sind.

Das Netzwerk Reinickendorfer Hauptschulen

Die Erfahrungen aus den beschriebenen Runden, die Tatsache, dass junge Schulleitungen Beratungen benötigten, und der Leidensdruck Berliner Hauptschulen, die mit den „aussortierten" acht Prozent der Berliner Schülerschaft arbeiten, ließen aus den bisherigen halbjährlichen Arbeitsessen ein offizielles Netzwerk der sechs Reinickendorfer Hauptschulen entstehen.

Die Art des Informationsaustausches änderte sich dadurch nicht. Da alle sechs Schulleitungen mit den gleichen gesetzlichen Grundlagen, der gleichen Verwaltung und einer ähnlich strukturierten Schülerschaft zu tun haben, ergaben und ergeben sich fast zwangsläufig die gleichen Bedürfnisse hinsichtlich der Gesprächsthemen. Unter dem offiziellen Titel „Netzwerk Reinickendorfer Hauptschulen" waren die Schulen darüber hinaus auch für das Umfeld als geschlossene Gruppe mit gleichen Bedürfnissen erkennbar. Das wirkte sich besonders positiv aus, als die Schulen um Unterstützung bei Wirtschaftsunternehmen und bei öffentlichen Geldgebern nachsuchten. Offensichtlich waren diese eher geneigt, eine ganze Gruppe als einzelne Schulen zu unterstützen.

Dass auch in dieser Gruppe viele Gespräche zu einzelnen Schülern oder einzelnen aktuellen Vorgängen geführt wurden, ist beinahe selbstverständlich. Und dass im Alltag schneller zum Telefonhörer gegriffen wird, wenn man sich aus regelmäßigen Treffen, ohne störende hierarchische Barrieren kennt, liegt ebenfalls auf der Hand. Die Schulaufsicht war in der Regel nicht zu den Sitzungen geladen. Als dies doch einmal der Fall war, wurde die Moderation vom Schulrat übernommen und die angesprochenen Themen betrafen in erster Linie seine Bedürfnisse, die nicht mit den Bedürfnissen der Schulleitungen übereinstimmten.

Die Bezirkstandems Berliner Hauptschulen

Im Frühjahr 2006 kam es in Berlin zu einem bildungspolitischen Eklat, als der sogenannte Brandbrief der Neuköllner Rütli-Hauptschule an die Presse gelangte. Während sich die Öffentlichkeit über die in dem Brief beschriebenen Erscheinungen wunderte, waren die 54 Berliner Hauptschulleitungen nur davon überrascht, dass an dieser Schule kein anderer Ausweg als der des Brandbriefes gefunden worden war. Offensichtlich war diese Schule für so wichtige Themen wie die Personalausstattung und die Schulentwicklung nicht in zielorientierte Netzwerke eingebunden.

Nachdem ein Vertreter der oberen Schulaufsichtsebene, selbst ehemaliger Hauptschulleiter, nach Veröffentlichung des Briefes die Schule besucht, die Problemlage erkannt und umgehend Lösungswege eingeleitet hatte, wurde von ihm im Gespräch mit zwei Hauptschulleitern ein neues Kommunikationssystem entwickelt, das den praxisbezogenen Austausch unter den Schulleitungen befördern und gegenseitige Hilfe bei Problemlösungen ermöglichen sollte. So wurden aus den Hauptschulleitungen der zwölf Berliner Bezirke sechs Bezirkstandems gebildet. Die erste Runde wurde vom Oberschulrat initiiert, zu allen weiteren Runden luden die Schulleitungen im Rotationsprinzip ein. So trafen sich die 54 Berliner Hauptschulleitungen in sechs Gruppen zu etwa neun Schulleiterinnen und -leitern. Die Tagesordnungen wurden nah an den Alltagsbedürfnissen der Schulen festgelegt. Zu nur wenigen Runden wurde auch die Schulaufsicht geladen.

Andererseits lud der Oberschulrat in unregelmäßigen Abständen, aber mindestens zweimal im Jahr je einen aus den Runden benannten Sprecher zu einer gemeinsamen Sitzung zu sich, um z. B. die Tagesordnung der nächsten Sitzung aller 54 Schulleitungen festzulegen oder eine Tagung vorzubereiten. Interessanterweise wurde damit ein Kommunikationssystem unter Umgehung der unteren, der regionalen Schulaufsicht geschaffen, das von vielen Beteiligten als sehr effektiv bezeichnet wurde.

Vergleicht man nun die beschriebenen Netzwerke, so funktionieren sie auf verschiedenen Ebenen, in unterschiedlichen räumlichen und institutionellen Zusammenhängen, sind aber alle effektiver als hierarchisch strukturierte Kommunikationssysteme.

Kommunikationsstruktur ersetzt Verwaltungsstruktur

Schulorganisation ohne untere, regionale Schulaufsicht

Anstöße für die folgenden Überlegungen gaben die oben beschriebenen Erfahrungen, aber auch ein Erlebnis des Verfassers. Als Reaktion auf eine unzutreffende dienstliche Beurteilung rief er den Schulrat an und schilderte unter anderem den Aufbau der besagten Netzwerke, von denen sowohl die Schule als auch die anderen beteiligten Institutionen profitierten. Der Schulrat reagierte erstaunt: „Das wusste ich ja alles gar nicht." und bat, der Verfasser möge ihm dies schriftlich zusammenfassen. Anhand dieses Beispiels wird ersichtlich, dass ein Großteil der wirkungsvollsten Arbeit im Sinne der schülerorientierten Entwicklung einer Schule ohne Beteiligung und teilweise ohne Kenntnis der Schulaufsicht geleistet wird. Vermutlich können viele Leserinnen und Leser diese These aus ihrer eigenen Erfahrung bestätigen.

Hier ist die Anmerkung angebracht, dass dies nicht etwa an der Ignoranz der Schulaufsicht, sondern an der Aufgabenverteilung liegt, die sich – zurückhaltend ausgedrückt – nicht immer an einer positiven Entwicklung der zugeordneten Schulen orientiert.

Legt der Verfasser die Erfahrungen mit den Netzwerken zugrunde, zieht den eben beschriebenen Einzelfall hinzu, liest die Interviews dieses Buches und bezieht seine Erfahrungen als Schulrat ein, stellen sich Fragen: Wozu wird eine regionale, untere Schulaufsicht benötigt? Wird der Weg der Kommunikation zwischen den Schulen und der oberen Schulaufsicht bzw. der Leitung der Verwaltung nicht verlängert, gar erschwert? Würden durch den Wegfall einer Verwaltungsebene nicht Kosten eingespart? Würden nicht Gelder zur Verstärkung der oberen Schulaufsicht, deren Existenz allein schon nach Artikel 7 GG nicht in Frage gestellt werden darf, und den Verwaltungsbereich der Schulen frei? Könnten mit diesen Ressourcen nicht Ermäßigungsstunden für die erweiterten Schulleitungsmitglieder, die Schulleitungsteams geschaffen werden? Könnte dann dort nicht noch schülerorientierter und effektiver gearbeitet werden?

Würde man die untere Schulaufsichtsebene durch ein Delegiertensystem z. B. der oben beschriebenen Art ersetzen, würden zwei Aspekte erfüllt: Der Informationsfluss zwischen der oberen Verwaltungsebene und den Schulen wäre verkürzt und die Kommunikation unter den Schulen – auch im fortbildenden Sinne – wäre verbessert.

In der Privatwirtschaft werden zur effektiven Unternehmensführung seit geraumer Zeit und mit unbestreitbarem Erfolg Hierarchiestufen abgebaut und abgeflacht. Warum sollte dieses Prinzip nicht auch für die Schulverwaltung gelten?

Regionale Schulentwicklungskonferenzen: Wie Top-down-Netzwerke gelingen.

Dörte Feiß/Hans-Werner Schäfer

„Mit dem Beginn der Regionalen Schulentwicklungskonferenzen geben wir heute den Startschuss für eine tiefgreifende Reform des Hamburger Schulwesens. [...] Daher möchte ich an dieser Stelle ein Ziel der Reform hervorheben, das mir besonders am Herzen liegt: Ein Schulsystem, das allen Kindern – unabhängig davon, aus welchem Elternhaus sie kommen und wie sie an den Start gehen – die Chance auf die höchsten Bildungsabschlüsse offen hält. Ein Schulsystem, in dem alle Kinder bestmöglich gefordert und gefördert werden und in dem kein Talent verloren geht. Um dieses Ziel zu erreichen, bedarf es einer gründlichen und umfassenden Planung. Und in diese Planung möchten wir Sie und Ihre Kenntnisse ganz bewusst einbeziehen. Mit Ihrem Wissen und Ihrem Engagement können Sie den Planungsprozess entscheidend bereichern und dazu beitragen, für die Kinder und Jugendlichen in Ihrer Region ein zukunftsweisendes Bildungsangebot zu gestalten.“

(aus dem Begleitschreiben der Hamburger Schulsenatorin, Christa Goetsch, in der Datenmappe der Regionalen Schulentwicklungskonferenzen vom 18. August 2008)

Ausgangspunkt

Um Kindern und Jugendlichen unabhängig von ihrer sozialen und ethnischen Herkunft gleiche und gerechte Bildungschancen zu ermöglichen, hat die neu gewählte Regierung des Hamburger Senats im Frühjahr 2008 in ihrem Koalitionsvertrag eine Reform der Schul- und Bildungsstruktur verabredet. Dabei ist Hamburg einen gänzlich neuen Weg gegangen: Denn wie diese Reform im Detail auszugestalten sei, sollte innerhalb eines Jahres in „Regionalen Schulentwicklungskonferenzen" (RSKen) beraten werden. Der Auftrag der „Regionalen Schulentwicklungskonferenzen" lautete, *„bis Ende Mai 2009 eine Empfehlung für die Gestaltung eines optimalen schulischen Bildungsangebots in ihrer Region zu erarbeiten, die der Nachfrage von Eltern sowie Schülerinnen und Schülern* *gerecht wird. Diese Empfehlung soll Vorschläge geeigneter Standorte für Primarschulen, Stadtteilschulen und Gymnasien beinhalten, die als Grundlage für die Entscheidung der Behördenleitung dienen.*" (vgl. „Auftrag der Regionalen Schulentwicklungskonferenzen", Datenmappe der Regionalen Schulentwicklungskonferenzen)

Die Expertise von Eltern, Schülerinnen und Schülern, Lehrkräften, Schulleitungen, Vertreterinnen und Vertretern der Bezirksämter, der großen Kita-Verbände, der Deputierten sowie der Abgeordneten aus den Bezirksversammlungsfraktionen in die Erarbeitung einer Schulreform einzubeziehen, bedeutete einen Beteiligungsprozess zu initiieren, den es weder in Hamburg noch in anderen Bundesländern in dieser Art und Weise zuvor gegeben hat. Dass eine Behörde sich zu einem solchen Vorgehen entschlossen hatte, wurde von vielen Akteuren, wie z. B. den drei Vorsitzenden der Eltern-, Lehrer- und schülerInnenkammer, begrüßt: *„Es war richtig, neue Beteiligungsprozesse wie den der Regionalen Schulentwicklungs-Konferenzen einzuführen und zu erproben."* (vgl. Pressemitteilung vom 07. Mai 2009, S. 1).

Natürlich wurde auch vielerorts Misstrauen geäußert, alles sei nur eine Alibispielwiese und die Behörde habe den Masterplan längst in der Tasche. Dennoch waren die meisten Konferenzen von einer produktiven, aufgeschlossenen und verantwortungsvollen – wenn auch durchaus kritischen – Arbeitsweise geprägt. So lautet beispielsweise das Fazit von Hans-Peter Vogeler, dem Vorsitzenden der Hamburger Elternkammer: *„In vielen Fällen haben aber die Beteiligten trotz unterschiedlichster Erfahrungen, persönlicher Hintergründe und Ansichten konstruktiv zusammen gearbeitet und werden dies auch weiter tun."* (vgl. Pressemitteilung vom 07. Mai 2009, S. 2).

Rahmensetzung und Arbeitsweise

Für die Durchführung der „Regionalen Schulentwicklungskonferenzen" wurde Hamburg in 22 Bildungsregionen unterteilt, die jeweils zwischen neun und 29 allgemein bildende sowie darüber hinaus Förder- und Sprachheilschulen, spezielle Sonderschulen und berufliche Schulen umfassen.

Die Behörde hat den etwa 1.500 Teilnehmerinnen und Teilnehmern dieses groß angelegten Beteiligungsprozesses zum Start und im weiteren Verlauf der RSKen alle relevanten Daten zur Verfügung gestellt. Dazu gehörten beispielsweise die Eckpunkte für die drei geplanten Schulformen und die auf dieser Grundlage entwickelten Rahmenkonzepte. „Herrschaftswissen", das einzelnen Beteiligten bzw. den Leitungen der RSKen Entscheidungsvorsprünge verschafft hätte, gab es also nicht.

Abbildung 1: Spielregeln für Regionale Schulentwicklungskonferenzen (RSKen)

- Die Beratungen der RSK finden in einem geschützten Raum und einer Atmosphäre gegenseitiger Wertschätzung statt.
- Die RSK arbeitet zielorientiert.
- Die RSK ist der Raum für das Vorbringen und den Abgleich von Interessen, nicht für das Austragen von Positionen.
- Im Mittelpunkt der Beratung steht die Sache, nicht die Person.
- Minderheiten sind zu hören und zu berücksichtigen.
- Alle Systeme und deren Vertreterinnen bzw. Vertreter sind gleichberechtigt, unabhängig von ihrer jeweiligen aktuellen Größe bzw. Rolle.
- Die Konferenzen beginnen und enden pünktlich.
- Sie folgen einer festgelegten, vereinbarten Struktur; verabredete Pausen werden eingehalten.
- Die Durchführung der Konferenzen findet in angemessener Umgebung, mit adäquater technischer und medialer Ausstattung sowie einem Mindestmaß an äußeren Störungen statt.
- Die Teilnehmenden verfügen jederzeit über die für sie notwendigen Arbeitsmaterialien und sind ausreichend miteinander vernetzt.

In jeder Region fanden fünf Konferenzen statt. Die jeweiligen Ziele und der Rahmen (Auftrag, Zeitfenster, Dauer, Design, Schrittfolgen) (vgl. Abbildung 1) waren von Anfang an festgelegt und wurden im Verlauf nur für den 4. und 5. Durchgang geringfügig angepasst (vgl. Abbildung 2). Die einzelnen Treffen haben professionelle Moderatorinnen bzw. Moderatoren im Tandem mit den jeweils zuständigen Schulaufsichtsbeamten geleitet. Die Vor- und Nachbereitung erfolgte gemeinsam mit Vertreterinnen und Vertretern der zuständigen Planungsabteilung und der „Projektgruppe Schulreform" bei der Hamburger Behörde für Schule und Bildung in Workshops, die von einer externen Organisationsberatungsfirma durchgeführt wurden.

Abbildung 2:   Ziele der Regionalen Schulentwicklungskonferenzen

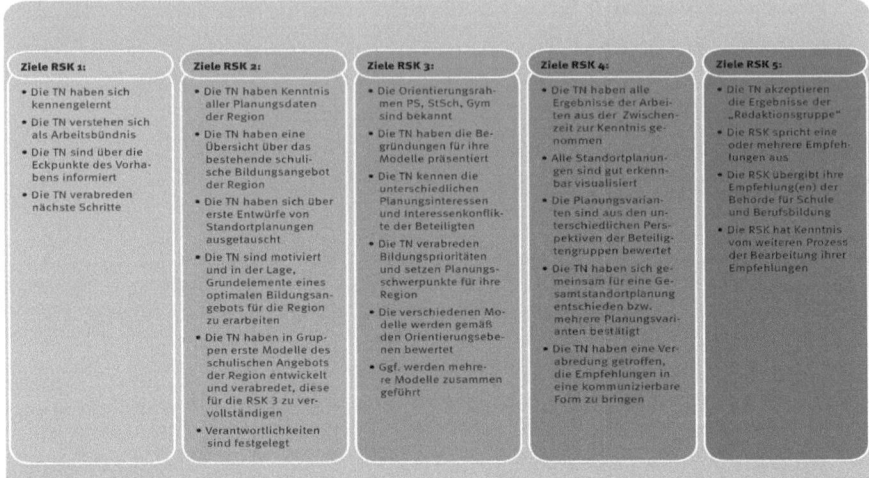

Auf diese Weise waren die unmittelbar Betroffenen nicht nur von Anfang an in die Entwicklung der Konzepte und Formate der RSKen einbezogen, sondern sie erlebten, was sie selbst in den Konferenzen umzusetzen hatten: Beteiligung. Auch die Senatorin hat an diesen Workshops mehrfach teilgenommen, um die Arbeit zu unterstützen, und als Wertschätzung für die Beteiligten.

Durch die festgelegten Rahmenbedingungen und die gemeinsame Vor- und Nachbereitung wurde eine sehr hohe Standardisierung erreicht, die dazu führte, dass alle fünf Konferenzen in den 22 Regionen einen ähnlichen Ablauf hatten und zu vergleichbaren Ergebnissen führten. Die größte Herausforderung bestand darin, den Diskussionsprozess mit jedem Durchgang weiter zu zentrieren, um am Ende tatsächlich konkrete Ergebnisse zu erzielen (vgl. Abbildung 3).

Abbildung 3: Zeitlicher Verlauf der Regionalen
Schulentwicklungskonferenzen

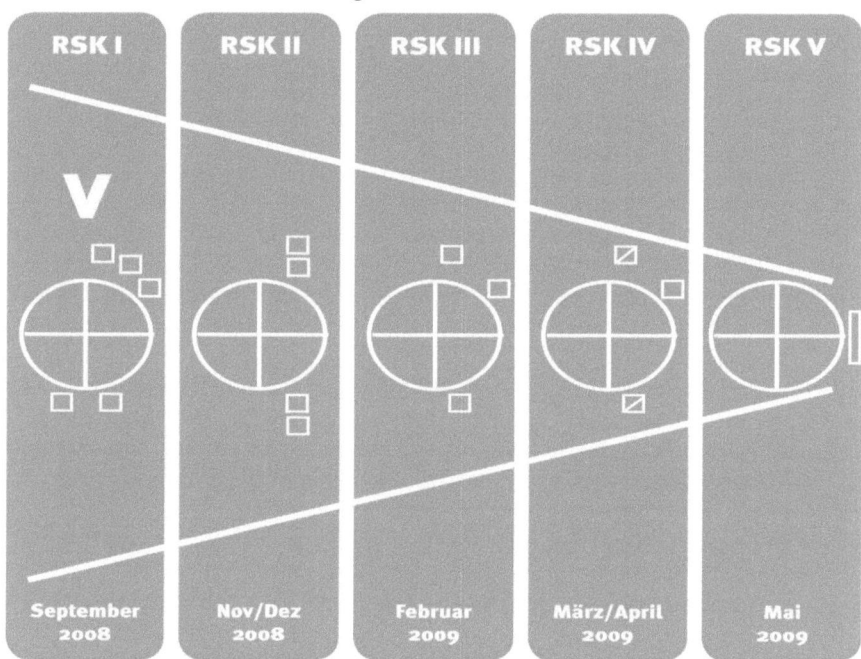

In vielen Regionen trafen sich die Beteiligten auch zwischen den einzelnen RSK-Terminen in unterschiedlichen Konstellationen, um ihre Planungen weiter voranzutreiben. Für alle bei den Konferenzen verabredeten Aufgaben, die von einzelnen Gruppen in den Regionen bearbeitet wurden, konnten sie die kostenfreie Unterstützung durch die Moderatorinnen und Moderatoren in Anspruch nehmen.

Um über die Treffen der „Regionalen Schulentwicklungskonferenzen" hinaus eine Vernetzung der Beteiligten zu ermöglichen bzw. zu befördern und ihnen regelmäßig die Dokumentationen der Entwicklungsprozesse und -ergebnisse zur Verfügung zu stellen, hat die „Projektgruppe Schulreform" einen E-Mail-Verteiler für jede Region aufgebaut. Diesen konnten – vollständig oder in Teilen – auf Nachfrage auch die Teilnehmerinnen und Teilnehmer in den Regionen erhalten und nutzen.

Zudem wurden die grundlegenden Informationen, Zwischenergebnisse, die Schulbriefe der Senatorin und andere wichtige Dokumente (wie z. B. eine Liste der meist gestellten Fragen und der entsprechenden Antworten) unter der Internetadresse „www.hamburg.de/schulreform" veröffentlicht. Für weitere Fragen wurde eine Hotline eingerichtet, an die sich Hamburger Bürgerinnen und Bürger an Werktagen jeweils über acht Stunden wenden konnten.

Prozess

In allen Regionen fanden im Zeitraum September/Oktober 2008 Auftaktveranstaltungen statt. Sie wurden jeweils von der Behördenleitung eröffnet, die allen Beteiligten die Notwendigkeit der angestrebten Reformen und die Ernsthaftigkeit bei der Durchführung verdeutlichte. Zudem erhielten die Teilnehmerinnen und Teilnehmer die Möglichkeit, sich mit der Behördenleitung über grundlegende Fragen des Schulreform- sowie im engeren Sinne des RSK-Prozesses auszutauschen.

Schon bei dieser ersten Gelegenheit wurde den Kritikern und Gegnern der Hamburger Bildungsoffensive deutlich, dass ein über Regionale Schulentwicklungskonferenzen organisierter und strukturierter Reformprozess keinen Raum für „Fensterreden" bietet. Ebenso wenig darf er als ein Wunschkonzert zur Durchsetzung einzelner partikularer Interessen verstanden werden, sondern er bildet einen verbindlichen Rahmen für eine zielorientierte Arbeit an Standort- und Bildungsempfehlungen für die jeweiligen Regionen.

Ausgehend von den Auftaktveranstaltungen sind die Akteure aller Regionen in einen mehrmonatigen konstruktiven Arbeitsprozess eingetreten. Die große Herausforderung, Veranstaltungen mit 100 und mehr Personen zu leiten und zu moderieren, die z. T. sehr unterschiedliche Interessens- und Erfahrungshintergründe besaßen, ist – in der Fläche gesehen – eingelöst worden. Als hilfreich hat sich dabei erwiesen, dass viele Aspekte in thematischen Untergruppen bearbeitet wurden, die jeweils klare Aufträge und Zielvorgaben hatten, denn dadurch ist die Kommunikation insgesamt sehr produktiv geworden.

In der Regel entwickelten die Teilnehmerinnen und Teilnehmer der RSKen schnell gemeinsame Eckwerte, an denen sie ihre weitere Entwicklungsarbeit orientierten. So galt beispielsweise für die künftige Primarschulplanung, die insgesamt stark in den Fokus der gemeinsamen Planungen gerückt war, das Leitprinzip „Kurze Beine – Kurze Wege". In intensiven Beratungs- und Arbeitsprozessen wurden bei den Regionalen Schulentwicklungskonferenzen weitere grundlegende Entscheidungen getroffen, wie u. a.

- in den Regionen auf jeden Fall eine oder mehrere Stadtteilschulen zu schaffen,
- die gymnasialen Standorte zu erhalten,
- für die Stadtteilschulen eigene oder kooperierende Oberstufen (im Einzelfall ggf. auch an Gymnasien) zu planen,
- die Fremdsprachenangebote unter den Schulen aufeinander abzustimmen oder
- neue Ganztagsschulen und neue Integrationsstandorte für die jeweilige Region einzurichten.

Ergebnisse

In den fünf Konferenzen, die im Zeitraum von September 2008 bis Mai 2009 stattfanden, haben die Beteiligten in den einzelnen Regionen jeweils gemeinsame Empfehlungen im Sinne des Auftrags erarbeitet. In einigen Regionen wurden zu einigen Themen auch zwei oder mehrere begründete Alternativen verabschiedet. Die erarbeiteten Empfehlungen beschränken sich dabei häufig nicht auf Fragen der allgemeinbildenden Schulen in den Regionen, sondern beziehen Kooperationen mit Förder- und Sprachheilschulen, Teilen von beruflichen Schulen oder mit Partnern aus dem Bereich der Hortbetreuung bereits mit ein und/oder weisen über regionale Grenzen hinaus. Zudem wurde insbesondere von Eltern immer wieder eingefordert, sich auch über die regionale Passfähigkeit der schulischen Profile auszutauschen. Nicht selten hat sich dabei der Blick darauf, welche Schulform wessen Profil (mit-)bestimmt, gewandelt.

Die Ergebnisse der jeweiligen Regionalen Schulentwicklungskonferenzen wurden von kleineren Redaktionsgruppen zusammengestellt, die in den Konferenzen gewählt wurden und die in der Regel mit Vertreterinnen und Vertretern aller beteiligten Akteursgruppen besetzt waren. Oftmals sind auch konkrete Standortempfehlungen von den Teilnehmerinnen und Teilnehmern im Konsens abgegeben worden, in einigen Regionen wurde die Behörde aufgefordert, auf Grundlage mehrerer Alternativen die beste Entscheidung zu treffen.

Ein nicht zu unterschätzender Neben- und im Sinne von Partizipationskultur sogar Haupteffekt der Regionalen Schulentwicklungskonferenzen war, dass Vertreterinnen und Vertreter von Schulen und Einzelpersonen miteinander ins Gespräch gekommen sind, die bisher nicht in Kontakt zueinander standen. Manch traditionelle Animosität oder Distanz geriet dabei ins Wanken und die gemeinsamen Ziele, ein attraktives Bildungsangebot für die Region zu schaffen, die Schülerinnen und Schüler zu höheren Abschlüssen zu führen und dadurch zu verhindern, dass sie den Stadtteil verlassen, rückten in den Vordergrund.

Kritische Würdigung

Wie bei anderen Beteiligungsvorhaben auch, haben nicht alle Akteure den gesamten Entwicklungsprozess von Anfang bis Ende mit gestaltet, sondern in einigen Fällen haben sich Einzelpersonen oder schulische Gremien aus den Regionalen Schulentwicklungskonferenzen zurückgezogen – manche durch Fernblei-
ben, andere mit entsprechenden mündlichen oder schriftlichen Erklärungen.
Bezogen auf die 1.500 bis 2.000 Beteiligten blieben dies jedoch Ausnahmen.

Zu einer kritischen Würdigung gehört zudem die Feststellung, dass das
formulierte Ziel – also der Arbeitsauftrag der RSKen – sehr ehrgeizig war und
für die Gestaltung eines optimalen Bildungsangebots in einer Region sicherlich
weitere Schritte nötig sind. Dies gilt umso mehr, als im Prozess beispielsweise
deutlich wurde, dass die Reform des beruflichen Schulwesens viel enger mit der
Reform der Primar-, Stadtteilschule und des Gymnasiums verknüpft ist, als zu
Beginn abzusehen war. Auch die Frage der Integration behinderter Kinder und
Jugendlicher entfaltete – nicht zuletzt durch die Ratifizierung der UN-Konven-
tion – eine so große Dynamik, dass entsprechende Veränderung nicht bis zur
nächsten Legislatur warten konnte.

Insgesamt bilden die Regionalen Schulentwicklungskonferenzen jedoch ein
einzigartiges – vielleicht historisches – Beispiel für einen umfassenden Beteiligungsprozess, für den es auch in anderen gesellschaftlichen Bereichen kaum
vergleichbare Beispiele gibt.

Ausblick

Die Regionalen Schulentwicklungskonferenzen haben ihre wichtigste Aufgabe
erfüllt und ihre Empfehlungen an die Behörde weitergeleitet. Diese wurden dort
aufmerksam geprüft und in den Entwurf eines Schulentwicklungsplans überführt,
der den Schulen, Kammern, Bezirken und anderen Mitberatungsgremien für eine
Stellungnahme zur Verfügung gestellt wurde. Deren Hinweise wurden ebenfalls
eingearbeitet, so dass im Dezember 2009 über einen gemeinsamen Plan entschieden wurde, auf dessen Grundlage das folgende Schuljahr geplant werden
konnte.

In den Regionalen Schulentwicklungskonferenzen entstand vielfach der
Wunsch, die begonnene Kommunikation in den Regionen fortzusetzen. Dies erfolgte bereits auf dienstlicher Ebene im Rahmen der Regionalen Schulaufsicht.
Darüber hinaus wird die Möglichkeit geschaffen, die begonnene Diskussion über
die Vernetzung von Schulprofilen oder Fremdsprachenangebote in den Regionen
fortzuführen und gemeinsam weiter zu planen.

Ab dem Schuljahr 2010/11 werden „Regionale Bildungskonferenzen" mit einer deutlich erweiterten Zusammensetzung und unter Einbeziehung aller Bildungseinrichtungen, die vor Ort mit Kindern und Jugendlichen bzw. auch mit Erwachsenen arbeiten, stattfinden. An einer entsprechenden Konzeption, in die auch die dargestellten Erfahrungen einfließen, arbeitet die Behörde für Schule und Bildung derzeit gemeinsam mit den Bezirken, anderen Behörden und vielen Experten.

Quellen

Pressemitteilung der Kammern:
    www.elternkammer-hamburg.de/fileadmin/user_upload/_temp_/presseerklaerungen/
    2009/PM_3k_090507.pdf
Koalitionsvertrag:
    http://www.cduhamburg.de/27002/Uploaded/2008_koalitionsvertrag.pdf

Professionalisierung im Prozess: IT- und Projektsteuerung im Berliner Projekt eGovernment@School

Michael Wilmes

Das Projekt eGovernment@School Berlin

In Berlin wird durch die Senatsverwaltung für Bildung, Wissenschaft und Forschung seit 2008 das Projekt „eGovernment@School" durchgeführt. Erstmalig wird ein Rahmen für eine ganzheitliche Strategie der Informationstechnik (IT) im Berliner Schulsystem geschaffen. Auslöser ist die stetig zunehmende Bedeutung moderner Informationstechnologien im Schulbereich, wobei verschiedene Handlungsfelder gleichzeitig berührt sind:

- eEducation: Der Trend zur Nutzung neuer Medien und IT-gestütztem Unterricht ist ungebrochen und führt zu einem Grundanspruch auf die Verfügbarkeit von entsprechenden Infrastrukturen und Systemen im Schulalltag und auch ortsungebunden.
- eServices&Communication: Im Zuge des Internetbooms steigen die Erwartungen von Eltern und Schüler/innen, aber z. B. auch von Bewerbern (Lehramtsanwärtern etc.) und Öffentlichkeit an die Bereitstellung von allgegenwärtigen Online-Dienstleistungen und Kommunikationsumgebungen im Schulbereich deutlich an.
- eEvaluation: Die nicht zuletzt infolge der PISA-Diskussion deutliche Zunahme an Daten und Informationen zur Qualitätssicherung und Evaluation bis hin zur „Verbraucherinformation" über Schulen im Internet ist ohne entsprechende IT-Lösungen kaum zu bewältigen.
- eAdministration: Zur Verwaltung und Steuerung von Schule vor Ort, aber auch ganzen landesweiten Schulsystemen werden moderne, vernetzte und funktional ausgebaute IT-Verfahren zur Ressourcensteuerung und Digitalisierung des Backoffice benötigt, wobei auch hier eine mobile Verfügbarkeit der Systeme erwartet wird.

Neben den sich hieraus für die Akteure im Schulsystem ergebenden funktionalen Möglichkeiten und Potenzialen der neuen Technologien ist ein zentraler Aspekt die „Vernetzung" der IT-Systeme und -Infrastrukturen. Anwender erwarten heute – häufig bereits geprägt durch private Nutzungsgewohnheiten – einen möglichst einfachen Zugriff auf verschiedene Systeme und Datenbestände z. B. in Form von Web-Portalen oder sogenannten „Collaboration-Lösungen" für die digitale Zusammenarbeit. Der Siegeszug des Internets führt darüber hinaus dazu, dass die Grenzen zwischen privater, öffentlicher und beruflicher Nutzung der neuen Technologien verwischen. Im Hintergrund erfordert diese „vernetzte" IT einen erheblichen – für Nutzer möglichst unmerklichen – technisch-organisatorischen Koordinierungs- und Bereitstellungsaufwand der Diensteanbieter. Gleichzeitig stellen sich Fragen des Datenschutzes und der IT-Sicherheit. Es entstehen Verunsicherungen der Beteiligten, wenn beispielsweise Lehrkräfte ihren Heimarbeitsplatz oder mobile Geräte sowohl für berufliche als auch für private Zwecke nutzen wollen oder Schülerinnen und Schüler sich in sozialen Netzwerken im Internet bewegen.

Potenziale der IT für ebenenübergreifende Zusammenarbeit

Bisher war die Konzeptionierung von IT-Systemen im Sinne von „eGovernment" im Schulbereich eher unüblich. Im Zusammenhang mit dem Leitthema dieses Sammelbandes liegt es jedoch nahe, die Chancen von eGovernment für die bisher häufig schwierige und schwerfällige ebenenübergreifende Zusammenarbeit von zentraler Ebene, mittlerer Ebene (Schulaufsicht und Schulträger) und den Schulen sowie auch weiterer Nutzern wie Schülerinnen, Schülern und Eltern in den Blick zu nehmen. Nach einer einschlägigen Definition hebt sich

„Electronic Government (...) in charakteristischer Weise von herkömmlichen EDV-Anwendungen dadurch ab, dass die medienbedingte ‚Neue Erreichbarkeit' von Personen, Abläufen, Daten und Objekten als den wesentlichsten Bestimmungsgrößen des Verwaltungshandelns für grenzüberschreitende Lösungen genutzt wird. Solche Grenzüberschreitungen manifestieren sich in neuen Entwürfen, die durch Raum, Zeit und Organisation als herkömmliche Determinanten für Verwaltungsstrukturen und -verfahren kaum noch behindert werden. Nie zuvor war ein Kontakt mit Personen, etwa mittels E-Mail oder Videokonferenz, unabhängig von Aufenthaltsort, Uhrzeit oder Hierarchiestufe so wirksam herzustellen. Nie zuvor ließen sich Daten irgendwo auf der Welt so effizient abrufen oder fortschreiben. Nie zuvor konnten programmierte Abläufe irgendwelcher Institutionen so lückenlos zusammengefügt werden." (von Lucke/Reinermann 2000, S. 5)

Diese Effekte ergeben sich nicht naturwüchsig, auch sind unerwünschte und nicht intendierte Wirkungen kritisch zu reflektieren. Ein „gesteuerter" Einstieg in ein eGovernment ist deshalb immer notwendig und auch im Schulsystem unverzichtbar. Eine unkoordinierte Nutzung der neuen Technologien ist nicht ausreichend, insbesondere in denjenigen Prozessen, die eine hohe Verbindlichkeit des Verwaltungshandelns und Informationsaustauschs weiterhin erforderlich machen.

Professionalisierung der IT-Nutzung in komplexen Systemen

Im Zuge der Vernetzung im doppelten Sinne kann eine professionelle Nutzung der IT nicht mehr als rein individualisierter Vorgang einzelner Beteiligter gesehen werden. Die IT ist vielmehr prozesshaft und bereichsübergreifend angelegt. Die Anbieter und Betreiber der IT-Dienste stehen dabei häufig in einer hochdifferenzierten Expertenrolle auf „einer Seite", während die Nutzer und Abnehmer der IT-Dienste als in der Mehrheit technische Laien auf der „anderen Seite" stehen und eine zunehmend hilflose Abhängigkeit von für sie undurchschaubaren komplexen IT-Systemen empfinden. Für IT-Fachleute ist deshalb seit langer Zeit das Thema „IT-Business-Alignment", d. h. die permanente und intensive Abstimmung der IT-Bereiche mit den verschiedenen fachlichen Nutzergruppen und Entscheidungsträgern, der wichtigste kritische Erfolgsfaktor für eine gelungene Anpassung und Nutzung von Informationstechnologien. Angelehnt an den englischen Sprachgebrauch von Steuerungskonzepten spricht man heute auch in der IT-Branche von Governance als System von Entscheidungsrechten und Verantwortlichkeiten, die zu gewünschtem Verhalten in der Nutzung der IT führen: Steuerung, Organisationsstrukturen und Prozesse in der IT müssen sicherstellen, dass die Ziele und Strategien der Organisation unterstützt und optimiert werden (vgl. Weill/Ross 2004).

Gesamtbewertung der Ausgangssituation für eGovernment@School in 2008

Zur Vorbereitung des Projekts eGovernment@School wurde zunächst sowohl in den Schulen als auch in den Abteilungen der Schulverwaltung auf der Grundlage vorliegender Informationen und Befragungen eine Grundbewertung zum Status quo der IT-Nutzung und -Steuerung vorgenommen. Im Ergebnis musste eine Unterversorgung mit modernen Technologien sowohl im Sinne der Vielfalt und Komplexität von IT-Funktionen als auch im Sinne der flächendeckenden Versorgung mit Basisfunktionen konstatiert werden: Während größere Schulen zum

Teil bereits über ausgefeilte IT-Systeme für ihren Verwaltungsbereich, Websites, Onlinezugriffe für Lehrkräfte, Schüler/innen und auch Eltern etc. verfügen, ist ein erheblicher Teil insbesondere der kleineren Schulen noch nicht mit solchen modernen IT-Systemen ausgestattet. Neben der Schulgröße hat auch die individuelle Affinität von Schulleitungen oder engagierten Lehrkräften Einfluss auf die IT-Versorgung der Schulen.

Im Zuge der Arbeit der vom Berliner Senator für Bildung, Wissenschaft und Forschung, Prof. Dr. E. Jürgen Zöllner, eingesetzten Kommission zur Bürokratiereform (vgl. Senatsverwaltung für Bildung, Wissenschaft und Forschung Berlin 2007) war ersichtlich geworden, dass sich die Entlastungswirkungen von Vorschlägen der Kommission nicht voll umfänglich entfalten konnten, weil einheitliche und flächendeckende IT-Funktionen zur Ressourcensteuerung, Prozessunterstützung, Zusammenarbeit und Kommunikation im Berliner Schulsystem nicht zur Verfügung standen. Die Schaffung solcher moderner IT-Systeme wurde folgerichtig zur Priorität erklärt. Es gelang, die notwendigen Investitionsmittel zur IT-Modernisierung des Ressorts im Rahmen des Programms Servicestadt Berlin zu akquirieren (vgl. Senatsverwaltung für Inneres und Sport Berlin 2007a). Von hoher Dringlichkeit war als Schlüsselprojekt die Einrichtung einer zentralen Schülerdatei zur Unterstützung von Planungsprozessen des Schuljahres. Es wurde jedoch schnell erkennbar, dass neben technischen Anforderungen auch die rechtlich-organisatorischen Grundlagen von eGovernment-Verfahren im Schulsystem auf einen aktuellen Stand gebracht werden mussten, um so die Grundlage für die Verarbeitung von sensiblen personenbezogenen Daten zu schaffen. Das Thema IT-Sicherheit und Datenschutz trat so stark in den Vordergrund der Diskussion.

Ausgangsbedingungen einer IT-Steuerung im Berliner Schulsystem

Vor dem Hintergrund der beschriebenen Notwendigkeit eines Aufbaus und Betriebs von eGovernment-Lösungen war bei Projektstart zu überlegen, wo in der Berliner Schulverwaltung bereits mögliche Anschlusspunkte für eine IT-Steuerung bestanden. Zwei Bausteine waren bereits vorhanden und entwicklungsfähig:

- Im Kontext der zunehmenden Bedeutung der IT in den Verwaltungen des Landes wurde in Berlin ein Rahmenkonzept entwickelt, das eine professionelle und methodisch abgesicherte Durchführung von IT-Projekten und ebenso den anschließenden verlässlichen Betrieb von IT-Verfahren und Infrastrukturen sicherstellen soll (vgl. Senatsverwaltung für Inneres und Sport Berlin 2007b). Kernstück des Konzepts ist ein sogenanntes Rollenmodell, das Verantwortlichkeiten zwischen den verschiedenen Beteiligten auf Nutzer- und Betreiberseite der IT regelt. Solche Rollenmodelle sind heute sowohl in der Privatwirtschaft als auch in öffentlichen Einrichtungen weit verbreitet, weil sie den professionellen Umgang mit der IT im Sinne eines Qualitätsmanagements bewirken. Darüber hinaus sind sie auch für die sichere Nutzung und den sicheren Betrieb von komplexen IT-Systemen notwendig, weil sich z. B. differenzierte Berechtigungen in der Systemnutzung nach Rollenkonzepten orientieren. Innerhalb von IT-Projekten definieren Rollenmodelle die Rechte und Pflichten der Beteiligten, z. B. die Beteiligung der zukünftigen Nutzer bereits in der Designphase von neuen IT-Anwendungen etc.

- Neben diesem in Berlin als Grundlage nutzbaren Modell zur IT-Steuerung konnte die erfolgreiche Umsetzung des sogenannten eEducation Masterplans im Berliner Schulsystem als ein weiterer Baustein für ein IT-Governance-Modell genutzt werden. Bereits mit längerem Vorlauf wurde in Berlin die Nutzung neuer Medien und Technologien für den Unterricht systematisch verfolgt und gefördert. Seit 2005 wurden die diesbezüglichen Maßnahmen in einem eEducation Masterplan zusammengeführt (vgl. Senatsverwaltung für Bildung, Jugend und Sport Berlin 2005). Der Masterplan setzte einen eindeutigen Schwerpunkt auf die didaktische, lehr- und lernbezogene IT- und Mediennutzung, war aber von der Herangehensweise her ebenfalls bereits rollenbezogen angelegt und hatte zudem den Bereich der systematischen Bereitstellung einer geeigneten und standardisierten IT-Infrastruktur mit einbezogen. Zur berlinweiten professionellen Verankerung des Masterplans im Schulsystem wurde ein Steuerungskonzept etabliert, das unter zentraler Leitung durch die Senatsverwaltung sogenannte IT-Regionalbetreuer für die zwölf Berliner Bezirke umfasst, die wiederum über sogenannte IT-Betreuer in jeder Schule eine Gesamtkoordination der Umsetzung des Masterplans unterstützen. Hierfür werden Lehrerinnen und Lehrer mit einer entsprechenden Stundenermäßigung eingesetzt.

Die Implementierung des Masterplans beruht steuerungssystematisch auf einer „indirekt-spezifischen Anreizsteuerung", indem für vorgegebene Themen und Bereiche Mittel zur Finanzierung oder auch Co-Finanzierung bereitgestellt werden. Der Masterplan stellt die mediendidaktische Qualifizierung der einzelnen Lehrkräfte in den Mittelpunkt. Die Ausrichtung auf die Bewilligung von entsprechenden IT-Austattungsmitteln im Rahmen einer Förderstrategie für schulische Initiativen und Projekte hat den Effekt, dass häufig Eigeninitiative und die jeweiligen Bedarfe und Bedürfnisse der Schulen bzw. der bezirklichen Schulträger ausschlaggebend für die Einführung und Nutzung von IT im Schulalltag sind,

wobei ausschließlich die lehrbezogene IT-Ausstattung für das Unterrichtsge-
schehen und auf Ebene der Einzelschule im Vordergrund steht. Darüber hinaus
erfolgt eine direkte Projektsteuerung. So wurden Leitprojekte definiert, die sich
wie das Projekt ROBERTA z. B. speziell an Mädchen richten, die sich für In-
formatik interessieren (vgl. Senatsverwaltung für Bildung, Wissenschaft und
Forschung Berlin 2009).

Regionalteams als neue Governancestruktur des „Problem-Solving"

Im Zuge der Projektvorbereitung wurde deutlich, dass durch den Masterplan
bereits weitreichende Vorinvestitionen getätigt und insbesondere im Bereich der
IT-Infrastruktur berlinweit Standards gesetzt worden waren. Damit existierte
jedoch nicht automatisch ein geeigneter Handlungs- und Entscheidungsrahmen
für das Projekt eGovernment@School. Insbesondere die „hoheitlichen" Aspekte
der IT-Nutzung im eGovernment wie Rechtsverbindlichkeit, Revisionssicherheit,
Datenschutz etc. erfordern eine direkte Steuerbarkeit und flächendeckende Verfügbarkeit der IT, die durch eine Anreizsteuerung und Projektförderung nicht
erreichbar ist. Es müssen im Projekt ebenenübergreifend, flächendeckend und
hochverbindlich Fach- und IT-Kompetenzen zusammengeführt werden, wobei
Schulebene, Bezirksebene und die zentrale Ebene jeweils eigene Anforderungen,
Aufgaben und Ziele einbringen.

Aus Sicht einer wirksamen Gesamt-„Steuerung" des Aufbaus und Betriebs
von eGovernment@School galt es daher, einerseits ebenen- und bereichsüber-
greifende IT-Systeme verbindlich zu machen, andererseits waren auch hier die
Projektziele nicht ausschließlich „direktiv" erreichbar. Vielmehr musste eine
„positive Koordination" der beteiligten Akteure im Sinne einer gemeinsamen
Problemlösung und organisatorischer Lernprozesse bewirkt werden (vgl. Scharpf
1993). Solche positive Koordination, d. h. die aktive Beteiligung an bereichs-
übergreifenden Lösungen, bei denen „das Ganze mehr ist als die Summe seiner
Teile", ist eine typische Anforderung im eGovernment, weil eben nur die vernetzte und integrierte Nutzung von Infrastrukturen und IT-Systemen den angestrebten Mehrwert erzielen. Die Politik bewegt sich hier häufig und nicht nur im
Bildungsbereich in föderalen Strukturen, wo direktiven (anordnenden) Steuerungskonzepten im Sinne hierarchischer „Anweisungen" Grenzen gesetzt sind.
Ergänzend müssen deshalb persuasive (Überzeugungsarbeit leistende) Vorge-
hensweisen Anwendung finden.

Im Projekt wurde eine Ad-hoc-Struktur für die dezentrale Projektumsetzung
in Form von sogenannten „Regionalteams" etabliert. Geleitet werden diese
Teams von Vertretern der Schulaufsicht, weitere Mitglieder sind die genannten

IT-Regionalbetreuer in ihrer Expertenrolle für die IT-Situation der Schulen sowie Vertreter der Schulträger. Aufgabe der Regionalteams war zunächst die regionale bzw. bezirkliche Koordination von vorbereitenden Projektaktivitäten in der Pilotphase, für die berlinweit zunächst 93 ausgewählte Schulen mit einer sicheren Vernetzung und IT-Infrastruktur ausgestattet wurden. Darüber hinaus dienten die Regionalteams der Rekrutierung von Fachleuten aus den verschiedenen Bereichen und Statusgruppen für die fachlichen Projektgruppen, die sich im Einzelnen mit der Erarbeitung von Anforderungen und Vorgaben des zukünftigen eGovernment-Systems beschäftigen. Diese Projektgruppenarbeit orientiert sich an den Projektstandards des Landes Berlin, die erstmalig in dieser Form im Bereich der Schulverwaltung adaptiert werden (vgl. Senatsverwaltung für Bildung, Wissenschaft und Forschung Berlin 2007b). Neben dieser Projektarbeit werden aber auch etablierte Routinen wie das regelmäßige Treffen der Hausleitung der Senatsverwaltung mit den zuständigen Bezirksstadträten für Koordinations- und Entscheidungszwecke genutzt. Eine Kopplung zur Linienarbeit wird so sichergestellt.

Zwischenbilanz

Wesentlich für den Projekterfolg sind anspruchsvolle sachlich-inhaltliche Abstimmungsprozesse zwischen Schulverwaltung, Schulträgern, Schulen und weiteren Akteuren, wie den bezirklichen IT-Stellen, den Bauämtern etc. Eine der zu überwindenden Schwierigkeiten des Projekts eGovernment@School besteht darin, zunächst Vertrauen in die Erfolgschancen koordinierten Handelns aller Beteiligten aufzubauen und zu verstärken. Gegenwärtig ist ein erster Projektabschnitt von eGovernment@School abgeschlossen und damit in seinen Umsetzungserfolgen evaluierbar und bewertbar:

- Zunächst stabilisierten sich im Projekt Koordinationsstrukturen zwischen Akteuren, die bereits zuvor zur Problemlösung und Abstimmung ihres Handelns in der Lage gewesen waren. Hierbei spielten auch persönliche Vertrauensbeziehungen und das hohe Engagement von einzelnen Rollenträgern eine positive Rolle.
- Darüber hinaus gelang es jedoch auch, durch die höhere politische Aufmerksamkeit für das Thema IT und Schule im Kontext von eGovernment@School einen „Mitmacheffekt" zu bewirken, weil kein Bezirk den Anschluss verlieren möchte.
- Die rollenorientierte Projektarbeit mit klarer Trennung zwischen fachlichen und technischen Verantwortlichkeiten findet zunehmend Akzeptanz, weil

sie eine Entlastung der Beteiligten im Sinne einer als positiv und sinnvoll empfundenen Arbeitsteilung zwischen Fachseite und IT ermöglicht.

■ Positiv wirkt sich auch aus, dass im Projekt Vorwissen über die Herangehensweisen an eine professionelle Steuerung von IT-Projekten (IT-Steuerung Berlin und eEducation Masterplan) aufgegriffen und für das Schulsystem fortentwickelt wird.

■ Der im Projekt ermöglichte, berlinweite Austausch der Rollenträger untereinander bewirkt einen Know-how-Transfer und die Adaption von Lösungsstrategien über Bezirksgrenzen hinweg.

Kritische Erfolgsfaktoren

Große IT-Projekte wie eGovernment@School bergen erhebliche Risiken. Projektziele können inhaltlich, finanziell oder zeitlich verfehlt werden und so großen Ansehensverlust verursachen sowie Schaden und Frustrationen bei allen Beteiligten hinterlassen. Die fünf wichtigsten kritischen Erfolgsfaktoren von IT-Projekten sind deshalb auch hier von zentraler Bedeutung (vgl. Weill/Ross 2004):

1. Unterstützung des „Top Management"
   Ohne die Unterstützung der politischen Spitze des Ressorts können komplexe eGovernment-Projekte nicht gelingen. In Berlin erfolgte diese Priorisierung durch die Schwerpunktsetzung bei der Nutzung moderner Technologien in der Bürokratiereform und eine Lenkungsgruppe des Projekts auf Leitungsebene.

2. Abstimmung zwischen IT- und Fachseite
   Die Aufgaben- und Verantwortungsteilung zwischen den fachlichen Gruppen und der IT muss einerseits sauber getrennt werden, andererseits muss eine enge Abstimmung zwischen Fachanforderungen und technischer Realisierung durch die Anwendung entsprechender Rollenmodelle erfolgen.

3. Organisationsfrieden
   Konflikte zwischen den Beteiligten müssen offen angesprochen, „Altlasten" in geeigneter Form ausgeräumt werden. Mindestens ist ein Modus Vivendi, d. h. ein professionelles miteinander Umgehen anzustreben.

4. Nutzerakzeptanz
   Die zukünftigen Nutzer von IT-Systemen müssen bereits frühzeitig im Projekt eingebunden und breit beteiligt werden. Gegebenenfalls muss die entsprechende Freistellung vom Tagesgeschäft von den Projektverantwortlichen eingefordert und durchgesetzt werden.

5. Erfahrung
    eGovernment-Projekte stellen die Beteiligten häufig erstmalig vor die Her-
    ausforderung, an der Konzeptionierung und Einführung komplexer IT-Sys-
    teme verantwortlich mitzuwirken. Es sind deshalb einerseits Lernprozesse
    notwendig und abzusichern. Anderseits sollte versucht werden, wo möglich
    auf vorhandene Erfahrungen aufzubauen und externe Erfahrungen einzu-
    bringen. In dieser Weise wirkt z. B. auch das Rollenkonzept als „geronnene
    Erfahrung" des Projektmanagements.

Eine wichtige Rolle spielt darüber hinaus die Verfügbarkeit von entsprechenden
Projektressourcen, die von der zentralen Projektgruppe der Senatsverwaltung
gesteuert werden.

Allein die finanzielle oder auch personelle Ressourcenverfügbarkeit ist jedoch nicht ausreichend. Entscheidend ist die Schaffung von Rahmenbedingungen für organisationales Lernen. Ein Mittel, das hierbei Anwendung findet, ist
die periodische Zusammenführung und „ungeschminkte" Sammlung und Be-
wertung von Projekterfahrungen, ungeplanten Entwicklungen, Hinweisen, Fehlern, Risiken etc. der Beteiligten im Sinne von „lessons learned", die jeweils als
Lern- und Wissenszuwachs in die nächste Projektphase eingehen können (im
Sinne einer „formativen Evaluation"; vgl. Kromrey 2001). Abgesichert wird
diese Vorgehensweise des Projektmanagements durch die zentrale Hierarchie
(die Hausspitze), die einerseits einen koordinierten Projekterfolg einfordert,
andererseits Toleranz gegenüber – bei Lernprozessen unvermeidlichen – Fehlern
aufbringen muss.

Insgesamt kann nach Abschluss der Pilotphase eine vorsichtig optimistische
Zwischenbilanz gezogen werden. Viele „Mühen der Ebene" des Projekts liegen
noch vor den Beteiligten, Erfolge werden zum Teil erst im Zeitverlauf sichtbar
werden, wenn das Gesamtsystem Gestalt annimmt. Durch das inzwischen geschaffene Grundverständnis der Rollen, Verantwortlichkeiten und Erwartungen
rund um das Thema eGovernment@School ist jedoch eine gute Ausgangsbasis
für weitere gemeinsame Umsetzungsschritte in diesem komplexen Großprojekt
geschaffen worden. Es ist dabei zu sehen, dass die technischen Fragen, die not-
wendigerweise zunächst im Mittelpunkt des Projektes stehen, nicht allein er-
folgsbestimmend sein können. Bedeutender, aber auch nur längerfristig beein-
flussbar sind die organisationskulturellen Veränderungen (vgl. Niehaves 2006),
die mit der Adaption der neuen Technologien einhergehen müssen. Hierzu zählen an erster Stelle Offenheit und Kooperations- und Vertrauensfähigkeit, aber
auch ein steigendes Maß an persönlicher und internalisierter Rollenkompetenz
aller Akteure in der vernetzten Welt der neuen Technologien.

Literatur

Kromrey, Helmut (2001): Evaluation – ein vielschichtiges Konzept. Begriff und Methodik von Evaluierung und Evaluationsforschung. Empfehlungen für die Praxis. In: Sozialwissenschaften und Berufspraxis (SUB), 24. Jg., H. 2, S. 105-131.

von Lucke, Jörn/Reinermann, Heinrich (2000): Speyerer Definition von Electronic Government. Forschungsinstitut für öffentliche Verwaltung bei der Deutschen Hochschule für Verwaltungswissenschaften Speyer (Hrsg.) (http://foev.dhv-speyer.de/ruvii; 18. 01.2010).

Niehaves, Björn (2006): Management organisationskultureller Veränderungen: Von der traditionellen Bürokratie zur modernen Verwaltung. Wiesbaden.

Scharpf, Fritz W. (1993): Positive und negative Koordination in Verhandlungssystemen. In: Police-Analyse – Kritik und Neuorientierung. Politische Vierteljahresschrift, 34. Jg., Sonderheft 24, S. 57-83.

Senatsverwaltung für Bildung, Jugend und Sport Berlin (Hrsg.) (2005): eEducation Masterplan Berlin.

Senatsverwaltung für Bildung, Wissenschaft und Forschung Berlin (Hrsg.) (2007): Projektgruppe „Abbau von überflüssiger Bürokratie in der Schule", Abschlussbericht.

Senatsverwaltung für Inneres und Sport Berlin (Hrsg.) (2007a): Programm Servicestadt Berlin.

Senatsverwaltung für Inneres und Sport Berlin (Hrsg.) (2007b): Projektmanagementhandbuch. Der Leitfaden für Projekte in der Berliner Verwaltung.

Senatsverwaltung für Bildung, Wissenschaft und Forschung Berlin (Hrsg.) (2009): eEducation Masterplan Berlin – Zwischenbericht 2009.

Weill, Peter/Ross, Jeanne W. (2004): IT Governance: How Top Performers Manage IT Decision Rights for Superior Results. Boston MA.

Ein gemeinsames Ziel im Auge haben

Kooperative Selbstevaluation mit der Handreichung „Impulse für Qualität" für Ganztagsschulen in Schleswig-Holstein

Maren Wichmann

Tiefgreifende Veränderungen in den Schulstrukturen – und Bewegung von unten

In Schleswig-Holstein hat sich wie in vielen anderen Bundesländern innerhalb weniger Jahre etwa die Hälfte der Schulen entschlossen, künftig als Ganztagsschule zu arbeiten. Zum überwiegenden Teil arbeiten sie als Offene Ganztagsschulen und setzen dabei auf Kooperationen mit außerschulischen Partnern aus der Gemeinde oder dem Stadtteil. Die geradezu stürmische Entwicklung lebt von der Eigeninitiative der Schulen, Partner vor Ort zu finden, mit denen sie Kindern und Jugendlichen spannende und qualifizierte Angebote unterbreiten können. Attraktive Ganztagsschulprofile und eine große Schulvielfalt sind das Ergebnis. Parallel dazu hat das Land mit der Auflösung aller Haupt- und Realschulen zum Sommer 2010 und der angestrebten Fusion zu Regional- und Gemeinschaftsschulen einen umfassenden Schulstrukturprozess ausgelöst, der weitreichende Folgen für Schülerinnen und Schüler, aber auch für die Profile der Einzelschulen hat.

Schulprofilentwicklung von unten – Schulstrukturreform von oben? Wer entscheidet, welche Schule in welcher Form arbeitet? In Ganztagsschulen und bei den bevorstehenden Fusionsprozessen geht die Initiative von der Basis aus. Vor Ort wird konzipiert, ob, wie und wo z. B. Regional- und Gemeinschaftsschulen eingerichtet werden. Letztlich entscheidet der Elternwille: Kommen ausreichend Anmeldungen für den ersten Jahrgang zustande und ist die Konzeption genehmigungsfähig, steht dem Betrieb nichts entgegen. Da fiel in den letzten drei Jahren oft die Genehmigungsentscheidung zugunsten der Gemeinschaftsschulen anstelle der geplanten Regionalschulen. Die Bildungsverwaltung vertraut darauf, dass vor Ort die passenden und vielleicht besten Lösungen entwickelt werden und setzt auf die Kräfte der Schule. Die Eigenverantwortung der Schulen zu stärken, ist das Hauptziel der aktuellen Bildungspolitik in Schleswig-Holstein.

Herausforderung: Qualität entwickeln

Schulen entwickeln also dann gemeinsam Qualität, wenn sie aus eigenem Antrieb und selbstgesteuert arbeiten. Das Schulgesetz gibt den Rahmen vor. Was
macht eine Schule besonders und welchen Weg geht sie? Wohin will sie sich
entwickeln und was will sie dafür tun? Um die Schulen in Schleswig-Holstein
zur Profil- und Zielentwicklung und gemeinsamer Weiterentwicklung anzuregen,
sind alle Schulen durch das Schulgesetz verpflichtet,

- unter Einbeziehung aller Beteiligten (Lehrkräfte, Eltern und Schülerinnen/
  Schüler) Schulprogramme zu entwickeln,
- sie in den schulischen Gremien zu verabschieden,
- regelmäßig zu evaluieren und
- zu überarbeiten.

Damit gibt Schleswig-Holstein – wie andere Länder auch – ein Verfahren vor,
das die Profilbildung befördert. Viele Schulen wählen das partizipative Instrument der drittelparitätisch zusammengesetzten Schulkonferenz, so dass Lehrkräfte, Schülerinnen/Schüler und Eltern zu gleichen Anteilen über alle relevanten
Schulfragen entscheiden. Schulprogramme werden dann erarbeitet von Steuergruppen, basieren auf Befragungen von Schülerinnen und Schülern sowie Lehrkräften. Die Entwicklung von Zielen, die tatsächlich zur Leitschnur gemeinsamen Handelns werden und die Schule voran bringen, gelingt dabei längst nicht
immer. Allzu oft bleiben Schulprogramme und Leitziele Papiertiger und anfäng-
licher Elan schlägt in Resignation um.

Für die Ganztagsschulen im Land gibt es nun seit dem Jahr 2009 ein vom
Land und der Serviceagentur „Ganztägig Lernen" in Anlehnung an QUIGS[1]
entwickeltes Instrument, das systematische Qualitätsentwicklung vor Ort unterstützen soll. Indem bestimmte Reflexionsthemen vorgegeben werden, verbindet
es Top-down-Impulse mit der eigentlichen Entwicklung von Qualität an der
Schule (bottom up). Das ist umso bedeutender, als das Land auch für den Ganztag auf die Setzung umfassender Qualitätskriterien verzichtet hat. Für Ganztagsschulen liegt mit den „Impulsen für Qualität" nun ein Orientierungsrahmen vor,
der darüber Auskunft gibt, auf welchen Feldern Entwicklungsarbeit an den
Schulen erwartet wird.

---

1 QUIGS (Qualität in Ganztagsschulen) wurde von der Serviceagentur „Ganztägig lernen in Nordrhein-Westfalen" und dem ISA Münster sowie den verantwortlichen Ministerien erstmals im Jahr
2007 für die Selbstevaluation an Grundschulen entwickelt. Es wurde 2009 vollständig überarbeitet
neu herausgegeben.

Das Mehr an Zeit, an Raum und an außerschulischen Kooperationen produktiv für den Lernerfolg zu nutzen, das ist die besondere Chance von Ganztagsschulen. Aus den Ergebnissen der Längsschnittstudie zur Entwicklung von Ganztagsschulen (StEG) aus den Jahren 2005, 2007 und 2009 ist jedoch bekannt, dass Entwicklungsspielräume in zu starkem Maße ungenutzt bleiben: So schließt die Kooperation mit außerschulischen Partnern bislang oft nicht die gemeinsame konzeptionelle Entwicklung ein. Und auch die Verzahnung von Vor- und Nachmittag bleibt entwicklungsbedürftig. Welche Möglichkeiten gibt es, noch mehr Ganztagsschulen zur Weiterentwicklung ihrer Qualität herauszufordern?

Die Erfahrung aus vielen Schulentwicklungsprozessen im Programm „Ideen für mehr! Ganztägig lernen." und anderen Programmen der DKJS lehrt, dass besondere Chancen bestehen, sich auf Veränderungsprozesse einzulassen, wenn

- Impulse von außen die Auseinandersetzung mit der Situation der eigenen Schule befruchten,
- unterschiedliche Akteure „ownership" erwerben und Motoren der Veränderung werden,
- die Schulleitung die Verantwortung für eine transparente Kommunikation, für die Gestaltung des Prozesses und die Einbindung aller Akteure übernimmt,
- die Schulverwaltung wohlwollend, gar rückmeldend Veränderungsprozesse wahrnimmt und ggf. Unterstützung bereitstellt und
- diese Veränderungsprozesse extern begleitet werden.

Kooperative Selbstevaluation als Instrument zur Qualitätsentwicklung in den Schulen

1. Die „Impulse für Qualität" sind ein Selbstevaluationsinstrument, das wie ein „Audit" funktioniert. Es gibt Hilfestellung für Bestandsanalyse, Ziel- und Maßnahmenentwicklung. Es besteht im Kern aus Checklisten. Diese sollen inhaltlich anregen, den eigenen Blick zu weiten. Mit der Handreichung ist folgendermaßen zu verfahren: Gemeinsame Vergewisserung, wo die Schule steht. Worin sind wir gut? Woran merken wir das? Wo haben wir Entwicklungsbedarf? Zwölf Qualitätsbereiche bieten dabei Orientierung (Übersicht s. u. im Kasten).
2. Die Beteiligten setzen sich mit grundsätzlichen Fragen der Kommunikation und ihren Rahmenbedingungen auseinander. Dazu können sie die Grundbausteine „Kommunikation und Partizipation" sowie „Struktur- und Rahmenbedingungen" nutzen. Auch wenn Schulleitungen in Qualitätsentwick-

lungsprozessen eine zentrale Rolle spielen, sollten an diesem Prozess alle relevanten Gruppen aktiv mitwirken. Bereits zu anderen Bereichen eingerichtete Arbeitszusammenhänge (Steuergruppen, Projekt- oder Ganztagsteams) sollten genutzt werden – oder erweitert, wenn bislang außerschulische Kooperationspartner noch nicht mit im Boot waren.

Materialien auf der beigefügten CD

A   Zwei Grundbausteine
1. Kommunikation und Partizipation
2. Struktur- und Rahmenbedingungen

B   Zwölf Qualitätsbereiche für eine gute Ganztagsschule
1   Sozialraumverankerung und Öffnung der Schule
3. Zusammenarbeit im Team des Ganztags
4. Individuelle Förderung
5. Gestaltung von Lernräumen
6. Lernzeiten und Hausaufgaben
7. Zeiten im Ganztag und Rhythmisierung
8. Sprache und Kommunikation
9. Bewegung und Sport
10. Ernährung und Gesundheit
11. Kulturelle Bildung
12. Bildung für nachhaltige Entwicklung „Umwelt und Natur"
13. Eltern im Ganztag

C   Planungsschritte
1   Handlungsbedarf ermitteln
2   Ziele entwickeln, umsetzen und überprüfen

---

3.   Die entstehende Gruppe entscheidet, in welchem Qualitätsbereich sie ihre Reflexionsarbeit aufnimmt. Die Qualitätsbereiche sind alle nach demselben Muster aufgebaut. Nach einer Bestandsaufnahme werden die Dimensionen Kooperation, Raum, Zeit, Partizipation, Professionen mit Checklisten abgebildet. Im Qualitätsbereich „Individuelle Förderung" sind die Checklisten beispielsweise folgendermaßen überschrieben:

- Den Arbeitsbereich vergegenwärtigen – *Bestandsaufnahme*
- Zu welchen Themen wird mit anderen Institutionen oder Arbeitskreisen zusammengearbeitet, um Kinder und Jugendliche *individuell zu fördern*?
- Inwieweit spielt das erweiterte *Bildungsverständnis* eine Rolle?
- Inwieweit erfolgt *Rhythmisierung* auf der Ebene der Lernorganisation?
- Inwieweit unterstützt die Personalorganisation die *Veränderung der Zeiten* im Ganztag?
- Inwiefern sind die Angebote des Unterrichts mit dem *außerunterrichtlichen Bereich* verzahnt?
- Inwiefern wird die *Partizipation* von Kindern und Jugendlichen gefördert?
- Wie werden *Kooperation und Multiprofessionalität* in Bezug auf die individuelle Förderung von Kindern und Jugendlichen genutzt?
- Inwieweit findet die individuelle Förderung in *bedarfsgerechten Räumen* statt?
- Individuelle Förderung braucht eine lernende Organisation und lernende Mitarbeiterinnen und Mitarbeiter.

Derartige Checklisten bilden das Herzstück der Selbstreflexion und bieten Anlass zu gemeinsamen Diskussionen. Die Auseinandersetzung mit den Qualitätskriterien der Checklisten – so zeigen erste Rückmeldungen – trägt zu einer hohen Identifikation mit den entwickelten Zielen bei.

Die Arbeit mit den Checklisten ist durch die intensive Auseinandersetzung der Beteiligten mit den Bedingungen ihrer Schule, den Vorstellungen, Haltungen und Rollen ihrer Kolleginnen und Kollegen, der der Schülerinnen, Schüler, Eltern oder Kooperationspartner gekennzeichnet. Sie lernen die Sicht- und Arbeitsweisen ihrer Mitstreiter, deren Ressourcen und Kompetenzen kennen und wertschätzen. Wenn sich das Team auf die für die Schule relevanten Qualitätskriterien geeinigt hat und auf dieser Basis gemeinsame (SMARTe)[2] Ziele entwickelt, folgt der für alle herausfordernde Schritt: Es werden – wie in jedem Qualitätskreislauf – Maßnahmen und Vorhaben vereinbart, mit denen der Veränderungsprozess konkret wird.

---

2 SMARTe Ziele vereinbaren heißt: S – sie sind spezifisch (klare Eingrenzung der Thematik), M – sie sind messbar (Zielerreichung lässt sich beobachten, messen, evaluieren), A – wie attraktiv (Konsens und Transparenz), R – wie realistisch (Berücksichtigung zeitlicher, finanzieller, räumlicher, personeller und politischer Bedingungen), T – wie terminierbar (Festlegung eines realistischen Zeitrahmens).

Ein Beispiel: Wenn ein Qualitätskriterium lautet, Kinder und Jugendliche mit Behinderung zu integrieren, könnte man sich einem smarten Ziel folgendermaßen annähern:

Grobziel: An jedem Montagnachmittag wird von unserem Team eine integrative Basketball–AG angeboten, die von Jugendlichen mit und ohne Behinderung besucht wird.

Dann erfolgt eine Untergliederung, so dass das Ziel wirklich SMART wird:
S: Integrative, also eine tatsächlich heterogene Sportgruppe
M: Anzahl der teilnehmenden Jugendlichen festlegen
A: Es besteht Bereitschaft in der Mehrheit des Ganztagsteams, eine solche Maßnahme durchzuführen und zu unterstützen
R: Zeiten, Zugänge und Regeln sind so, dass ein integratives Spiel möglich wird
T: Einigung auf regelmäßige Termine

Als nächstes folgen die konkreten Schritte: Was ist dafür notwendig, wer ist verantwortlich, mit wem, bis wann soll das erledigt sein, wann wird es kontrolliert? Im vorliegenden Falle sähen die Einzelmaßnahmen zum Beispiel so aus: Trainerteam festlegen, Halle begehen und exkludierende räumliche Bedingungen beseitigen, Hallenzeiten klären, Angebot bekannt machen, Kinder und Jugendliche informieren und zu ihren Wünschen befragen, Teilnehmerwünsche aufnehmen und gegebenenfalls Ansprache und Werbung verstärken, Beschaffung von Spiel- und Übungsgeräten, Elterninformation zum integrativem Sportangebot.

Das Beispiel zeigt: An den Schulen wird die Handreichung genutzt, um zu ganz grundlegenden Verabredungen zu gelangen, die direkt Kindern und Jugendlichen zugutekommen.

Die ersten Erfahrungen

Obwohl die Bildungsverwaltung hohe Erwartungen mit der Handreichung verbindet, lassen sich knapp neun Monate nach Vorstellung des neuen Instrumentariums noch keine validen Aussagen darüber treffen, ob Schulen die mit der Selbstevaluation verbundenen Chancen in größerem Umfang nutzen.

Viele Ganztagschulen konzentrieren sich nach den ersten Jahren des Ganztagsschulbetriebes, in denen zunächst die Entwicklung der Rahmenbedingungen im Vordergrund stand, auf Fragen der allgemeinen Schulentwicklung, der Teamentwicklung und der Lernkultur. Da stellt die Handreichung ein gutes Werkzeug dar. Das Interesse ist groß. Nicht nur die Schulen signalisieren dies, sondern auch deren außerschulische Kooperationspartner. Daraus folgt jedoch längst nicht immer unmittelbar ein Selbstevaluationsprozess an der Schule.

Den Schulen von außen, also etwa durch Fortbildungen und Veranstaltungen „Impulse für Qualität" näher zu bringen, funktioniert nicht, wenn das Angebot beispielsweise „Kooperative Selbstevaluation" heißt. Das Thema erscheint den Schulen nicht anschlussfähig an ihren Alltag und verspricht vielleicht mehr Zusatzbelastung als Entlastung. Häufiger nachgefragt werden Fortbildungen, die thematische Zugänge mit Qualitätsentwicklung verbinden. Oft dient das Impuls-Material den Ganztagsschulaktiven dann als Mosaik, aus dem sie gezielt Hinweise entnehmen, was Qualität im Alltag konkret bedeutet, wie zu bestimmten Themen konkrete Qualitätskriterien formuliert werden können. Sie nutzen einzelne Checklisten, um sich einen Überblick zu verschaffen und für ein konkretes Problem eine Lösung zu erarbeiten. Geht es zum Beispiel um die Veränderung der Mittagsphase, dann wird der Qualitätsbereich Ernährung und Gesundheit gerne zurate gezogen. Genutzt wird der Grundbaustein „Struktur- und Rahmenbedingungen", wenn es darum geht, mit dem Ganztagsbetrieb zu starten. Ob der Anspruch der „kooperativen Selbstevaluation", also der Einbeziehung außerschulischer Partner „auf gleicher Augenhöhe", tatsächlich eingelöst wird, lässt sich ebenfalls noch nicht beantworten.

Obwohl immer wieder Stimmen laut werden, die klare Qualitätsstandards des Landes für gute Ganztagsschulen vermissen, werden auf der anderen Seite die Orientierungsfunktion der „Impulse" und das begleitende Unterstützungsangebot der Serviceagentur gelobt. So finden Schulen den für Schulentwicklungsprozesse förderlichen Austausch in Schulnetzwerken, zum Beispiel im zweiten Referenzschulnetzwerk „Ganztägig lernen", das von der Serviceagentur konzipiert und begleitet wird. In Projektgruppen können sie schulübergreifend zu Themen arbeiten, bei Hospitationen gute Praxis kennenlernen oder selbst weitergeben und ein Feedback erhalten. Dieses Feedback anderer Schulen ist ebenso bedeutsam wie die öffentliche Anerkennung, die sie als Referenzschulen oder als gutes Beispiel bei Fachveranstaltungen erleben.

Auf die Frage „Wann ist eine Ganztagsschule eine gute Ganztagsschule?" wird man – ausgelöst durch die „Impulse für Qualität" – in Schleswig-Holstein an verschiedenen Standorten ähnliche Antworten erhalten. Die Praxis wird sich jedoch weiterhin ganz unterschiedlich darstellen. Diese Vielfalt kann ein Reichtum sein, wenn sie die Lebenswelt der Kinder und Jugendlichen, ihre Bedürfnisse und Lernanliegen in den Mittelpunkt stellt. Auch wenn Schulen den Verzicht auf ihre direkte Steuerung begrüßen – z. B. die Abschaffung der externen Schulevaluation – wird es Aufgabe der steuernden und unterstützenden Einrichtungen bleiben, die mit der Handreichung verbundene Reflexions- und Reformfreiheit in verbindliche Kontexte zu bringen, die sicherstellen, dass jedes Kind und jeder Jugendliche das Glück genießt, eine lernende Schule zu besuchen.

Literatur

Holtappels, Heinz Günter/Kamski, Ilse/Schnetzer, Thomas (2007): Ganztagsschule im Spiegel der Forschung. Zentrale Ergebnisse der Ausgangserhebung der „Studie zur Entwicklung von Ganztagsschulen" (StEG) Deutsche Kinder- und Jugendstiftung (Hrsg.): Dokumentation 04 der Publikationsreihe im Rahmen des Programms „Ideen für mehr! Ganztägig lernen.". Berlin.

Holtappels, Heinz Günter/Klieme, Eckhard/Rauschenbach, Thomas/Stecher, Ludwig (Hrsg.) (2. Aufl. 2008): Ganztagsschule in Deutschland. Ergebnisse der Ausgangserhebung der „Studie zur Entwicklung von Ganztagsschulen" (StEG).Weinheim, München.

Serviceagentur „Ganztägig lernen" Nordrhein-Westfalen/Institut für soziale Arbeit Münster (Hrsg.) (2009): QUIGS 2.0. Qualität an Ganztagsschulen. Münster.

Serviceagentur „Ganztägig lernen" Schleswig-Holstein (Hrsg.) (2009): Impulse für Qualität. Handreichung zur kooperativen Selbstevaluation von Ganztagsschulen in Schleswig-Holstein. Kiel.

Deutsches Institut für internationale pädagogische Forschung/Deutsches Jugendinstitut/Institut für Schulentwicklungsforschung: Studie zur Entwicklung von Ganztagsschulen. Presserklärung zur Auswertung der zweiten Erhebungswelle (http://www.projekt-steg.de/files/pk080908/Presseerklaerung_Steg_2008_Kurzfassung.pdf; 05.10.2010)

Gestaltungsspielräume vor Ort erkennen und nutzen

Helmut Hochschild

Hört man sich unter den in Schlüsselpositionen tätigen Personen des Bildungswesens um, scheinen nicht selten ein Defizitblick und verallgemeinernder Pessimismus die Sicht auf Entscheidungsspielräume zu verstellen. So werden Kommunikationsprobleme zwischen den Ebenen der Schulaufsicht bzw. der Schulverwaltung und den Schulleitungen und vor allem zu knappe finanzielle und personelle Ressourcen als wichtige Hinderungsgründe für effektives Handeln genannt. Oft wird dadurch gar nicht mehr gehandelt, sondern es werden wechselseitig nicht realisierbare Forderungen aufgestellt, die die Kommunikation weiter belasten und nicht zu Lösungen führen.

Gibt es dazu Alternativen? Während die Mitarbeiter des Bildungsministeriums und der Schulverwaltung politische Vorgaben um- und in Verordnungen und Vorschriften übersetzen, müssen die Schulleitungen mit ihren Kollegien die pädagogischen Prozesse in den Schulen auf deren Basis organisieren und gestalten. Doch die Rahmenbedingungen lassen in der Regel Spielräume, um sie den jeweiligen Bedürfnissen einzelner Schulstandorte anzupassen. Eine bedeutende Aufgabe von Schulleitungen ist es deshalb unbedingt, diese Spielräume zu erkennen und zu nutzen! Wie kann das gelingen?

Effektive Kommunikation auf dem Dienstweg?

Die für den Informationsfluss zwischen den Ebenen aufzubauenden Strukturen sollten nicht vorrangig daran gemessen werden, ob sie dem „ordentlichen Dienstweg" entsprechen. Entscheidend ist, wie Bildungserfolge erreicht und durch effiziente und hilfreiche Interaktionsabläufe unter den beteiligten Schaltstellen unterstützt und befördert werden können. Wenn die Organisation eines kontinuierlichen Unterrichts, das erfolgreiche Lernen und entsprechende Bildungsabschlüsse zählen, braucht niemand auf eine Anweisung von oben zu warten, sondern kann in seinem Arbeitsbereich im Sinne Erich Kästners beginnen: „Es gibt nichts Gutes, außer: Man tut es."

Ein Beispiel: Seit 2007 rief ein Schulrat die sechs Hauptschulleitungen eines Berliner Brennpunkt-Bezirks mit Vertretern unterstützender Institutionen zweimonatlich gemeinsam an einen Tisch, um über den Umgang mit auffälligen

Schüler/innen zu beraten, die bis dahin nach oft wochenlanger, pädagogisch nicht zu vertretender Verzögerung in eine der anderen Hauptschulen umgesetzt worden waren – häufig bereits zum wiederholten Male. Gemeinsam wurden nun Hilfepläne für einzelne Schüler entwickelt und in der Regel die pädagogisch oft unwirksamen Umsetzungen vermieden. Außerdem wurden durch das Gespräch miteinander neue, pädagogisch sinnvolle Kooperationen mit Trägern der Jugend-förderung oder gar der Jobcenter gefunden und teilweise längerfristig implemen-tiert. Es wurde gewissermaßen eine gemeinsame Sinnebene geschaffen. Der Schulrat hatte hier lediglich eine einladende und moderierende Funktion. Die Entscheidungen wurden von den beteiligten Schulleitungen unter Mithilfe unter-stützender Institutionen getroffen.

Sich selbst um Qualitätsentwicklung und -rückmeldung kümmern

In Berlin werden seit 2007 jährlich Zielvereinbarungen zwischen Schulleitungen und Schulräten getroffen. Eine Basis für diese Gespräche sind die Berichte der Schulinspektionen, die von Mitarbeitern der Schulverwaltung über zwei Schul-tage durchgeführt werden. Die Atmosphäre der Zielvereinbarungsgespräche wird durch die beteiligten Personen selbst, aber wesentlich auch durch deren Position in der Hierarchie bestimmt, im schlechten Fall belastet. Steuerung durch Inspek-tion im Sinne einer kontrollierenden Revision ist nur in ganz wenigen Ausnah-mefällen effektiv. Denn die Gefahr der faktischen oder auch bloß empfundenen Geringschätzung des in der Hierarchie Niederen ist groß, zumal der Ertrag des Gespräches für den Schulrat nur in der Abarbeitung einer Dienstpflicht besteht und keine weiteren Konsequenzen nach sich zieht.

Eine wechselseitige Visitation von Kolleginnen und Kollegen aus dem lo-kalen schulischen Umfeld im Sinne des Best-Practice-Austausches und der ge-genseitigen Beratung fördert dagegen die Kommunikation und Kooperation. Reden Mitglieder zweier Schulleitungen miteinander, wollen in der Regel beide aus dem Gespräch etwas Fruchtbares für die eigene Situation mitnehmen. Des-halb ist es ein guter Weg, selbst initiativ zu werden und mit Schulleitungen ko-operierender Schulen oder Leitungen anderer Einrichtungen aus dem schulischen Umfeld solche Visitationen und Gespräche einzuführen. Die Beteiligten können sich dabei gegenseitig Anregungen geben und bei Selbstreflexionsprozessen begleiten. Die Ernte solcher Prozesse kollegialer Kooperation ist groß. Voraus-setzung ist jedoch, dass Schulleitungen unabhängiger von den hierarchischen Strukturen arbeiten bzw. gegenüber der Schulaufsicht selbstbewusster auftreten. Das fällt ihnen nach Rücksprache mit und Selbstvergewisserung durch andere Schulleitungen im Allgemeinen sehr viel leichter.

Alternativen zur Forderung nach mehr finanziellen und personellen Mitteln suchen

Als Schritt zur Lösung von Problemen in der Schule – zum Beispiel Unterrichtsausfall – bleibt das Einfordern weiterer finanzieller Mittel meist ergebnislos. Absagen frustrieren und lähmen die Fordernden und Geforderten gleichermaßen und verhindern damit die Suche nach gangbaren Lösungswegen. Zwar gibt im internationalen OECD-Vergleich Deutschland tatsächlich zu wenig für Bildung aus – das Wissen darum und der Zorn im Alltag darüber erzeugen bei den zuständigen Stellen allerdings weder einen Handlungsdruck noch lösen sie unmittelbare Veränderungen aus. „Für den Moment" gilt es, mit knappen Mitteln effizient und kreativ umzugehen – ohne längerfristige bildungsökonomische Strategien aus dem Auge zu verlieren und weiter zu verfolgen.

Ein Beispiel: Wie kann Unterrichtsvertretung organisiert werden? Effektives Krisenmanagement setzt bereits bei der Planung an. Da krankheitsbedingter Unterrichtsausfall beispielsweise für jeden Herbst vorhersehbar ist, können diese Erfahrungen für die Planung am Anfang des Schuljahres genutzt werden. Das heißt erstens, dass sämtlicher eingeplanter Unterricht von gleicher Bedeutung sein muss. Wird z. B. Förderunterricht mit einer Ausfallpriorität belegt, fällt er im Krankheitsfalle aus, ist nicht kontinuierlich und kann keine effiziente Wirkung entfalten. Werden eventuell vorhandene Vertretungsreserven aber zur Doppelsteckung – für den Einsatz von zwei Lehrkräften in einer Lerngruppe – genutzt,

- fördert das die Kommunikation im Kollegium. Das löst einen großen Professionalisierungsprozess aus.
- wird die einzelne Lehrkraft entlastet, woraufhin die Arbeitszufriedenheit steigt und sich die Erkrankungsrate im Kollegium absenkt.
- besteht eine kontinuierliche Unterrichtssituation für die Lernenden und Lehrenden auch dann fort, wenn eine der beiden Lehrkräfte krank ist.

Vertretungsunterricht wird nicht mehr als starke Belastung empfunden, weil er häufiger in vertrauten Lerngruppen stattfindet. Wenn Doppelsteckungen nicht nur durch Vertretungsreserven erzeugt werden, sondern auch dadurch, dass Teilungsunterricht nicht mehr in verschiedenen Räumen stattfindet, können die Lehrerteams in jeweils einem gemeinsamen Raum sinnvoll binnendifferenziert unterrichten.

Eine häufige Antwort auf die Frage, wie Unterrichtsausfall vermieden werden könne, nennt schulübergreifende Vertretungspools innerhalb einer Region. Dabei werden in Schulamtsbezirken oder ganzen Ländern Lehrerressourcen

zusammengefasst, um bei Bedarf „Leihlehrkräfte" an Einzelschulen einsetzen zu
können. Tatsächlich sind Vertretungsreserven in Vertretungspools jedoch pha-
senweise uneffektiv (weil ungenutzt) und bleiben für die Lehrkräfte im Pool
unattraktiv und ohne Anerkennung. Nach besseren Lösungen sollten Schulverwaltung und Schulleitungen gemeinsam suchen. Eine Möglichkeit wäre, eine
sinnvolle Verknüpfung von „wechselndem Einsatzort" und „Fortbildung durch
Erleben anderer Schulpraxis" herzustellen. Wenn die Blicke über den eigenen
Tellerrand in eine andere Schulsituation durch ergänzende Fortbildungsmaß-
nahmen unterstützt und damit honoriert würden, würden sich Lehrkräfte eher
freiwillig für einen begrenzten Zeitraum in diesen Pool begeben. Dazu würden
auch weitere Anreize wie Stundenermäßigungen oder bevorzugte Beförderungen
beitragen.

Personal kreativ und stärkeorientiert managen

Laufbahndenken schränkt die Anzahl der Lösungsmöglichkeiten im Personalmanagement extrem ein. Sucht man Personal über Laufbahnen hinweg oder denkt
gar über externe Kräfte nach, werden oft völlig neue Lösungsmodelle gefunden.
So ist die pädagogische Arbeit in den Berliner Hauptschulen seit 2006 durch die
Zusammenarbeit mit freien Trägern der Jugendförderung erheblich verbessert
worden. Es konnten Sozialarbeiter eingestellt werden und dabei wurden Mittel
aus dem Europäischen Sozialfonds genutzt, an die vorher niemand gedacht bzw.
von denen niemand Kenntnis gehabt hatte. Obwohl solche Problemlösungsan-
sätze auf vorhandenen Strukturen und wohlbekannten Systemen basieren, werden sie von den Beteiligten entweder als aussichtslos betrachtet oder es wird von
der eingeschränkten und falschen Voraussetzung ausgegangen, dass weitere Ressourcen zur Verfügung gestellt würden. Vor allem Letzteres führt dazu, dass
keine Lösung gefunden wird.
      Auch hier hilft es allen Beteiligten, den Blick von „das ist nun einmal so
und behindert uns sehr" abzuwenden und stattdessen offen nach kreativen Lösungen zu suchen.
      So könnte z. B. einer erforderlichen Umsetzung von Personal ein Stärken-
und Perspektivprofil der betroffenen Lehrkräfte vorgeschaltet werden, dieses
könnte folgenlose dienstliche Beurteilungen ersetzen und in Mitarbeiter-Gesprä-
chen erstellt werden. Auf der Basis solcher Profile könnten gezielte Personalentwicklung und ein zielstrebiges Personalmanagement betrieben werden. Würden
die Wechselmöglichkeiten durch Fortbildungsanreize, Verbesserung von Beför-
derungschancen, Unterstützung bei der Wohnungssuche und bei der Kinder-
betreuung positiv flankiert, könnten Lehrkräfte anhand ihrer Stärkeprofile für die

Unterstützung einer potenziell aufnehmenden Schule gezielt angesprochen werden, würden alle Beteiligten eine andere Einstellung zu einem Wechsel gewinnen, dadurch die Problemlösungsmöglichkeiten erweitern und den Ablauf transparenter und nachvollziehbarer gestalten.

In gesetzlichen Vorgaben nach eigenen Entscheidungsmöglichkeiten suchen

Schulrechtliche Vorgaben lassen an vielen Stellen Spielräume, die für ein kreatives Personalmanagement genutzt werden können. So haben viele Berliner Schulen die Kürzung des Unterrichts von 45 auf 40 Minuten für die Schaffung zusätzlicher, motivierender Unterrichtsangebote oder sozialpädagogisch unterstützender Anlaufstellen – durch Umwidmung von Lehrerarbeitszeit – genutzt. Durch den Zeitgewinn gelang es, externe Partner für die Schulen zu gewinnen, die die pädagogische Arbeit in vielen Bereichen unterstützen. Auf diese Weise hat z. B. eine Nordberliner Hauptschule für rund 300 Schüler 30 Wahlpflichtangebote, zwölf Schülerfirmen, eine Schulstation und vieles mehr geschaffen. Diese Entwicklung brachte der Schule Anerkennung im Umfeld, eine Verbesserung der Abschlussquote, eine drastische Senkung von Schuldistanz und eine Erhöhung der Quote der Schulabgänger mit einem anschließenden Ausbildungsverhältnis.

Zusammengefasst: Wünsche „nach oben" verstellen den Blick auf die eigenen Handlungsmöglichkeiten und verhindern das Ausschauen nach Handlungsspielräumen. Starke Schulleitungen bauen gemeinsam mit ihren Kollegien starke Schulen, auch und vor allem, wenn sie die Schulverwaltungen nicht zur Lösung eines jeden Problems heranziehen oder ihnen als Aufgabe zuschreiben, überhaupt die einzig Verantwortlichen zu sein. Dass Kraft vor allem aus den Kollegien der Schulen selbst kommen kann, zeigen viele der sogenannten „Leuchtturm-Schulen". Häufig arbeiten sie in besonders schwierigen sozialen Umfeldern und sind darauf angewiesen, alle pädagogischen, organisations-strukturellen und verwalterischen Spielräume zu nutzen. Sie sind Meister in effektivem Personaleinsatz und flexiblen, auf veränderte Situationen reagierenden Organisationsformen. Ihr besonderes Engagement, Verantwortung für die Ausgestaltung der Schule zu übernehmen, wird häufiger dadurch belohnt, dass auch bildungsbewusste Eltern eine Schule „in sozialem Brennpunkt" für ihre Kinder wählen. In Deutschland entstehen viele solcher modellhaften Schulen auf der Basis eingelöster Eigenverantwortung. Es werden immer mehr – sind aber immer noch viel zu wenige. Also packen wir es an – viel Erfolg dabei!

Das Potenzial von Lokalen Bildungslandschaften für eine zeitgemäße Steuerung des Systems „Schule"

Peter Bleckmann

Die Steuerung von Schulen funktioniert nicht so, wie sie soll. Das ist in Kürzestform die Grundaussage dieses Buches. Knoke und Hoffsommer (i. d. B.) stellen fest, dass die Kommunikation zwischen Ministerien, Schulaufsicht und Schulleitungsebene in vielen Fällen nicht klappt. Dieser Befund wird mit vielen Zitaten anschaulich belegt und illustriert.

Ich vertrete in diesem Beitrag folgende These: Die Erkenntnisse, die sich aus der Entwicklung lokaler Bildungslandschaften gewinnen lassen, liefern Hinweise darauf, wie man sich einer Lösung des Steuerungsproblems rund um Schulen annähern kann. Die Deutsche Kinder- und Jugendstiftung begleitet derzeit in mehreren Programmen rund 25 Kommunen unterschiedlicher Größe bei der Entwicklung einer lokalen Bildungslandschaft. In allen diesen Bildungslandschaften spielt Schulentwicklung eine wichtige, in einigen Fällen *die* zentrale Rolle. Überall – das ist konstitutiv für Bildungslandschaften – geht es um Steuerungsfragen. Ich werde erläutern, welche generelle Relevanz diese Erfahrungen für die Steuerung von Schulen haben können.

Einsteigen möchte ich zunächst mit Erkenntnissen von Fachleuten für Netzwerkmanagement, allen voran Prof. Herbert Schubert von der Fachhochschule Köln. Als nächsten Schritt möchte ich stärker auf die Praxis von Bildungslandschaften eingehen und zum Abschluss einige Szenarien für eine reformierte Steuerung von Schulen skizzieren, die sich aus diesen Überlegungen ergeben.

Netzwerkanalyse: Von Säulen und Inseln

Die Koordinationsprobleme zwischen Ministerium, Schulaufsicht und Einzelschule sind – netzwerkanalytisch betrachtet – ein Beispiel einer fehlenden *vertikalen* Koordination zwischen verschiedenen Ebenen, die man alltagssprachlich als „oben", „Mitte" und „unten" bezeichnen könnte. In der Netzwerkanalyse fokussiert man eher unterschiedliche Aufgaben, die die Akteure der einzelnen Ebenen in erster Linie haben, und spricht von der operativen Ebene (hier: die

Einzelschule), der strategischen Ebene (hier: die Schulaufsicht) und der normativen Ebene (hier: das Ministerium). Im Rahmen der Netzwerkanalyse wird davon ausgegangen, dass ein Funktionieren des Gesamtsystems eine Koordination zwischen den Ebenen voraussetzt.

Darüber hinaus behandelt die Netzwerkanalyse die Frage der *horizontalen* Koordination bzw. im Falle ihres Fehlens die „Versäulung" einzelner Funktionsbereiche. Diese befinden sich auf einer Ebene nebeneinander – und agieren oft genug nebeneinander her. Typische nicht bzw. unzureichend miteinander verbundene „Säulen" im Kontext von Bildung, Erziehung und Betreuung sind die beiden Systeme Schule und Jugendhilfe. Daneben gibt es weitere „Säulen", also gesellschaftliche Verantwortungsbereiche und Themen, die zwar für das Aufwachsen von Kindern und Jugendlichen hochgradig relevant sind, die aber oft nicht ausreichend mit den Akteuren und Steuerungssystemen im Bildungsbereich im engeren Sinne koordiniert sind, also etwa Stadt- und Regionalentwicklung. Diese für das deutsche Bildungssystem typische horizontale und vertikale Versäulung und Verinselung wird in folgender Grafik – bezogen auf die kommunale Ebene – veranschaulicht:

Abbildung 1: Versäulung und Verinselung schränkt die Handlungsfähigkeit des Bildungssystems und seiner Teilsysteme ein. (Grafik: Schubert 2008b, Folie 4)

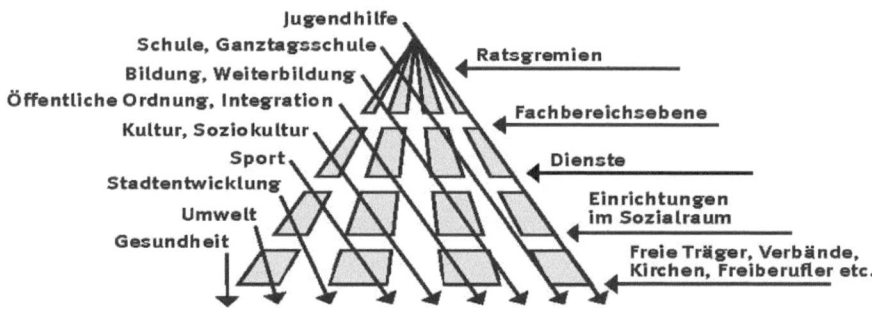

Nun ist es ja – wie Knoke und Hoffsommer anschaulich machen – schwierig genug, innerhalb einer „Säule" eine einigermaßen funktionierende Kommunikation zu erzielen. Selten genug gelingt das. Zu erwarten, dass auch noch zwischen den Säulen die Interaktion verbessert wird, scheint da fast ein Ding der Unmöglichkeit.

Dieser Herausforderung stellen sich die Akteure in lokalen Bildungslandschaften. Explizit oder implizit basieren lokale Bildungslandschaften auf der

Annahme, dass eine sinnvolle Steuerung von Einzelsystemen alle zentralen Stakeholder einbeziehen muss. Dafür reicht eine Analyse des Steuerungsproblems nur auf der Linie zwischen Kultusministerium, Schulaufsicht und Einzelschule – und im Anschluss auch dessen Verbesserung – nicht aus. Man bleibt damit in der „Säule" des Systems Schule. Wichtige weitere Akteure bleiben dabei außer acht:

1. *Die Kommunalverwaltung*: Bildung ist in zunehmendem Maß ein zentrales Thema für Kommunalentwicklung. Kommunen haben ein vitales Interesse an einer guten Qualität der Bildungsinhalte der örtlichen Schulen. Das Interesse geht weit über die räumliche Ausstattung, den eigentlichen Zuständigkeitsbereich der Kommune, hinaus, sei es, weil sie in Zeiten demografischen Wandels die Abwärtsspirale Abwanderung–Schulschließung–weitere Abwanderung stoppen wollen, sei es, weil sie die Zahl der Schulabbrecher für zu hoch halten. Kommunen kommen aber in der inhaltlichen Steuerung von Schulen formal nicht vor.
2. *Die Jugendhilfe*: Auch wenn über Schulsozialarbeit, teilweise auch die Hilfen zur Erziehung erhebliche Ressourcen aus der Jugendhilfe mit direktem oder indirektem Bezug zum System Schule investiert werden, ist damit nicht gesagt, dass eine Koordination der Steuerung stattfände – und in einer linearen Betrachtungsweise nur der schulischen Säule blendet man diese Frage aus.
3. *Die Kooperationspartner der Schule*: Der Bildungs- und Erziehungsauftrag von Schulen beschränkt sich nicht auf Unterricht. Im Sinne eines erweiterten Bildungsverständnisses haben viele Schulen damit begonnen, weitere Professionen und Institutionen als Partner für die Gestaltung der Schule zu gewinnen. Der Ausbau von Ganztagsschulen hat diese Entwicklung noch einmal deutlich verstärkt. Das Spektrum dieser Akteure und Partner wird in der rein linearen Steuerung nicht abgebildet; es gibt keine adäquate Repräsentanz dieser Kooperationspartner, weder in der Schulleitung, noch in der Schulaufsicht, noch im Kultusministerium. Daraus entstehen gravierende Probleme hinsichtlich der Wertschätzung der außerschulischen Partner und hinsichtlich der Integration ihrer Angebote in das Gesamtprofil der Schule.
4. *Kinder und Jugendliche und deren Eltern*: Auch die eigentliche Zielgruppe, die Kinder und Jugendlichen sowie in erweiterter Perspektive auch deren Eltern kommen in der linearen Steuerungslogik nicht vor. In den Beobachtungen von Knoke und Hoffsommer erscheinen sie lediglich als Störfaktoren, die ihre Meinung nur über Umwege kommunizieren können und diese nur deshalb hohe politische Relevanz hat, weil sie, öffentlich geäußert, als Druckmittel eingesetzt werden kann.

Aus diesen Überlegungen lässt sich schlussfolgern, dass für eine funktionierende
Steuerung von Schulen beides gelingen muss: Einerseits eine vertikale Koordination bis hinauf zum Ministerium, andererseits eine horizontale Koordination,
die auf allen Ebenen weitere relevante Stakeholder einbezieht. Die idealtypische
Darstellung einer gelingenden Koordination veranschaulicht folgende Grafik:

Abbildung 2:   Durch eine geschickte vertikale und horizontale Koordination
                 werden Grenzen zwischen Zuständigkeitsbereichen überwunden
                 – eine unabdingbare Voraussetzung für nachhaltige Reformen
                 (Grafik: Schubert 2009, Folie 12).

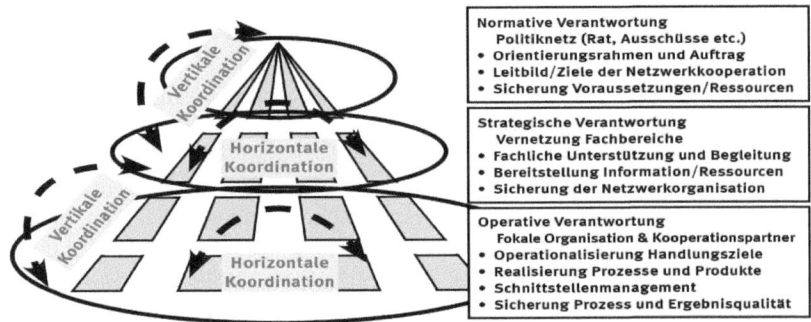

Wie eine solche Koordination im Rahmen von lokalen Bildungslandschaften in
der Praxis gelingen kann, möchte ich anhand einiger Beispiele aufzeigen.

Was bringen Bildungslandschaften?

Man kann über Bildungslandschaften in unterschiedlicher Weise sprechen. Ich
habe oft erlebt, dass Menschen, die von ihrer Bildungslandschaft berichten, eine
Strukturgrafik mitbringen, aus der hervorgeht, wer alles am lokalen Bildungs-
netzwerk beteiligt ist. (Und auch dieser Artikel kommt nicht ohne Strukturgrafi-
ken aus.) Das ist einerseits hilfreich, weil man so ein Stück der Komplexität
verstehen kann, mit der vor Ort gearbeitet und jongliert werden muss. Andererseits beantwortet eine solche Darstellung der Akteure im Netzwerk nicht die
Fragen, warum sie eigentlich zusammen arbeiten und was das Ergebnis der Vernetzung sein soll.
        Man könnte es sich einfach machen und schlicht auf die schiere Notwen-
digkeit verweisen: Schaut euch die Säulen und Inseln doch an: Es ist doch klar,
dass da besser koordiniert werden muss. Wenn eine Kommune so an die Sache

herangeht, ein Bildungsbüro eröffnet und einen Bildungsmanager einstellt, dann erlebt der ganz oft fragende Gesichter, wenn er in Schulen, Kindertageseinrichtungen und Volkshochschulen geht und von der Notwendigkeit der Vernetzung spricht, spätestens dann, wenn die Vernetzungsarbeit Zeit kostet: Warum sollen wir uns das antun? Was bringt uns das? Sitzen wir nur die Zeit in Meetings ab? Warum können nicht andere mit der Vernetzung anfangen?

Aus der Beobachtung von lokalen Bildungslandschaften haben wir folgende Erkenntnis abgeleitet: Nur wenn ein Netzwerk von einem konkreten Vorhaben aus entwickelt wird, entsteht Dynamik und das subjektive Gefühl von Sinnhaftigkeit der Netzwerkarbeit. Wenn ein solches Projekt fehlt, besteht die Gefahr eines Netzwerks um seiner selbst willen, das nicht das Potenzial hat, relevante Entwicklungen voran zu treiben. Die Sinnhaftigkeit eines solchen Vorhabens wird umso größer erlebt, wenn es zum einen auf ein konkretes Problem eine Antwort gibt und wenn zum anderen die Wirkweise des neuen Vorhabens plausibel ist. Wenn das konkrete Entwicklungsvorhaben in diesem Sinne überzeugt, dann entsteht auch eine Akzeptanz von Steuerung, die sich auf diese Ziele bezieht.

Ein Beispiel: In Bernburg, gelegen im Salzlandkreis in Sachsen-Anhalt, entsteht eine neue Sekundarschule, der Campus Technikus. Der Schulneubau wird im Rahmen der Internationalen Bauausstellung IBA 2010 realisiert als ein zentraler Beitrag zu einem konstruktiven Umgang des Salzlandkreises mit den Herausforderungen des demografischen Wandels, der zu einer dauerhaften Schrumpfung der Stadt führt. In Verbindung mit einer hohen Zahl von Schulabgängern ohne Abschluss entwickelte sich hier eine gravierende soziale Problemlage, für die nach Auswegen gesucht wurde.

In dieser Ausgangslage bewiesen die Stadt Bernburg und der neu entstehende Salzlandkreis Ideenreichtum und den Mut, unorthodoxe Wege zu gehen. Die Internationale Bauausstellung schuf eine Gelegenheit, dem Problem auf neue Weise zu begegnen. Im Ergebnis stand das Konzept einer innovativen, praxisorientierten Schule, die sich auch einer anderen Herausforderung stellen muss und diese zukunftsorientiert meistert: Sie ist als eine Fusion aus drei Schulen gedacht, die wegen Schülermangels von Schließung bedroht sind. Aus diesen Schulen in peripherer Lage erwächst nun eine neue Schule im Stadtzentrum und belebt die Innenstadt zusätzlich.

Da zwischen den für Bildung und den für Bau und Stadtentwicklung Verantwortlichen kontinuierlich Absprachen erforderlich sind, mussten in Bernburg verbindliche Formen der Zusammenarbeit, Routinen, Regelungen über Informationsflüsse und Absprachen gefunden werden. Die beteiligten Akteure sind auf operativer Ebene die Schulleitung, das Personal der Schule und die außerschulischen Partner aus Wirtschaft, Kultur und Zivilgesellschaft. Auf strategischer

Ebene kooperiert die Stadtverwaltung mit dem Landkreis und jene Entschei-
dungs- und Handlungsträger wiederum mit den unterschiedlichen beteiligten
Ministerien, deren Vorgaben den Fortgang des Projekts entscheidend beeinflussen. Die Motivation zentraler Akteure zur erfolgreichen Umsetzung des Vorhabens und damit auch zur Kooperation war vorhanden. Das Programm „Lebenswelt Schule" der DKJS und der Jacobs Foundation bot in dieser Situation die
Chance, die notwendige Koordination in systematischer und professioneller
Weise zu gestalten. Dabei halfen insbesondere eine Prozessbegleiterin und die
aus Programm-Mitteln finanzierte Stelle des Bildungsmanagements. Zunächst
stand die inhaltliche Ausgestaltung des Schulkonzepts im Vordergrund. Das
Besondere daran ist, dass es – ganz im Sinne einer ganzheitlichen, praxisorientierten Bildungsphilosophie – um drei Kerndimensionen herum organisiert ist,
die alle auf eine Verknüpfung zwischen innerer Gestaltung der Schule und außerschulischen Kooperationspartnern angelegt sind. Diese drei Dimensionen sind
der berufs- und praxisorientierte Bereich, der musisch-künstlerische Bereich und
der gesundheitsfördernde Bereich. Für jeden dieser Bereiche gibt es ein klar
gegliedertes schulinternes Curriculum, das jeweils Kooperationsprojekte mit
Partnern vorsieht.

Die Bildungslandschaft im Salzlandkreis geht inzwischen weit über dieses
Vorhaben einer innovativen Sekundarschule hinaus. Das zuständige Dezernat
bündelt derzeit die Kräfte, um in mehreren Bildungsregionen im Landkreis Ver-
netzungsprozesse anzustoßen, die jeweils wieder auf konkreten Vorhaben beruhen, die in der konkreten Situation vor Ort entwickelt werden.

An diesem Beispiel kann man ablesen, dass die strukturierte und verbindliche Kooperation und damit auch das veränderte Steuerungssystem sich aus einem konkreten Entwicklungsvorhaben ergeben haben, das sich sehr spezifisch
auf die lokalen Bedingungen bezieht und auf lokale Herausforderungen eine
Antwort sucht.

Kann man solche Erfahrungen auf die Steuerung des Systems Schule übertragen? Schließlich ist Steuerung von Schule kein Projekt, sondern eine dauer-
hafte Regelaufgabe, die das Ziel einer – näher zu beschreibenden – „guten
Schule" verfolgt bzw. verfolgen müsste. Braucht man dafür nicht grundsätzlich
andere Mechanismen als die, die für die Steuerung eines konkreten Vorhabens
passend wären? Und muss „Steuerung von Schule" nicht auch allgemeine und
verbindliche Qualitätsmaßstäbe einbeziehen, wie sie sich in den Qualitätsrichtli-
nien der Länder finden?

Aus der Praxis der Bildungslandschaften würde ich die Empfehlung ableiten, die Steuerung von Schulen als einen fortlaufenden Prozess zu verstehen, bei
dem aus übergreifenden Qualitätsmaßstäben auf der einen Seite und der spezifischen Situation und dem Bedarf einer Schule auf der anderen Seite heraus kon-

krete Entwicklungsziele für eine überschaubare Zeit definiert und in Entwicklungsvorhaben überführt werden. Eine weitere Empfehlung wäre, verschiedene Akteure in die Gestaltung dieses Entwicklungsvorhabens einzubeziehen.

Die Fragen sind also: Wie kommt man zu solchen Entwicklungsvorhaben? Wer definiert sie wann und mit wem? Wer ist dazu legitimiert? Wer kann sie umsetzen? Und wer kontrolliert die Umsetzung? Ich zeige im folgenden Abschnitt mögliche Antworten auf.

Choreographie: Wer macht wann was mit wem?

Am Beispiel einer weiteren lokalen Bildungslandschaft möchte ich erläutern, wie ein lokales Entwicklungsvorhaben geplant, umgesetzt und gesteuert werden kann. Auch in diesem Fall sind Schulen zentrale Akteure.

Es handelt sich um die Stadt Weiterstadt, nicht weit von Frankfurt im Rhein-Main-Gebiet gelegen. Als Ergebnis des „PISA-Schocks" haben Stadtverwaltung, Schulleiter und engagierte Bürger 2002 das erste Weiterstädter Stadtgespräch organisiert, als dessen Ergebnis der Weiterstädter Bildungsbeirat gegründet wurde. Dieses formell vom Stadtrat eingesetzte Gremium berät die Stadt bei der Entwicklung einer kommunalen Bildungsstrategie. Wichtige Ergebnisse dieser Beratungen sind ein kommunaler Bildungsbericht sowie ein Bildungsgesamtplan für die Zeit von 2005 bis 2010. Im Rahmen dieser Entwicklungen wurde zwischen der Stadt Weiterstadt und den Schulen eine Rahmenvereinbarung über die Kooperation von Schule und Jugendhilfe geschlossen, in der es zentral um die Entwicklung integrierter Lehr- und Lernkonzepte geht, deren Umsetzung auch von der Kommune mit finanziellen Ressourcen und Schulsozialarbeitern unterstützt wird.

Auch Weiterstadt ist Modellkommune im Programm „Lebenswelt Schule" der Deutschen Kinder- und Jugendstiftung und der Jacobs Foundation. Als Entwicklungsvorhaben wurde hier die Verbesserung des Übergangsmanagements aus den Kitas in die Grundschulen sowie von dort in die weiterführenden Schulen definiert. Inhaltliche Perspektive ist dabei die bessere Unterstützung der individuellen Lernwege von Kindern und Jugendlichen. Es geht nicht um „schulgerechte Kinder" sondern um kindgerechte Institutionen.

Mit Beginn des Programms „Lebenswelt Schule" hat der Bildungsbeirat eine Steuergruppe installiert, die – wiederum unterstützt von der Prozessbegleitung – die folgende Steuerungsstruktur entwickelt hat:

Abbildung 3: Netzwerkstruktur der Bildungslandschaft in der Modellkommune
Weiterstadt (Grafik: DKJS 2010)

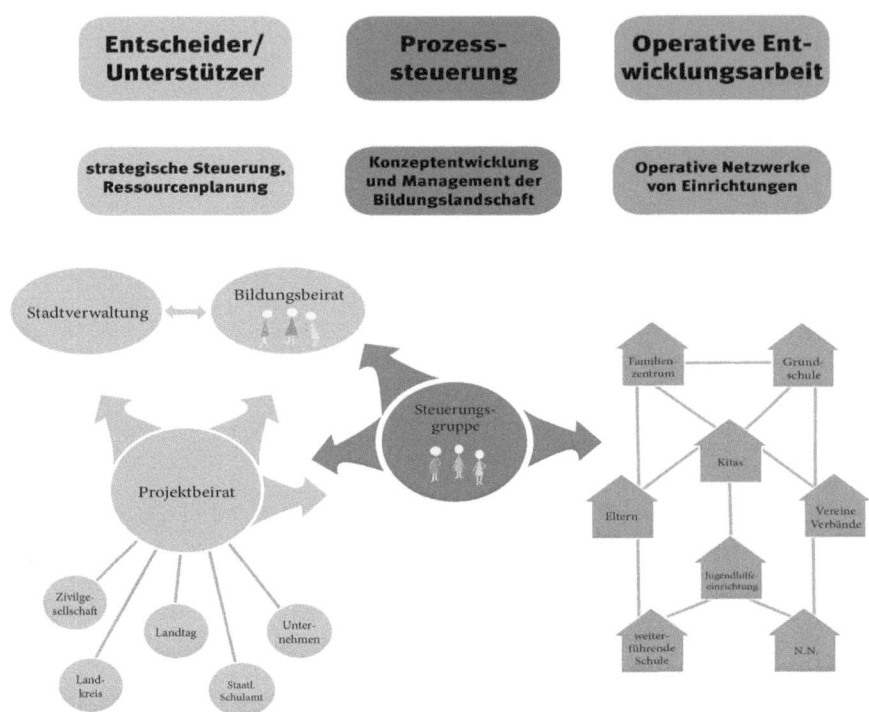

Wie aus der Grafik ersichtlich wird, spielen hier drei Ebenen zusammen: Die
Ebene der Entscheider und Unterstützer (hellgrau), die Ebene der Prozesssteuerung (dunkelgrau) und die Ebene der operativen Entwicklungsarbeit (mittel-
grau). In der folgenden Grafik wird veranschaulicht, welches im Einzelnen die
Aufgaben dieser drei Ebenen und wie sie zusammengesetzt sind:

Abbildung 4: Aufgaben der Akteure auf den drei Ebenen am Beispiel Weiterstadt (Grafik: DKJS 2010)

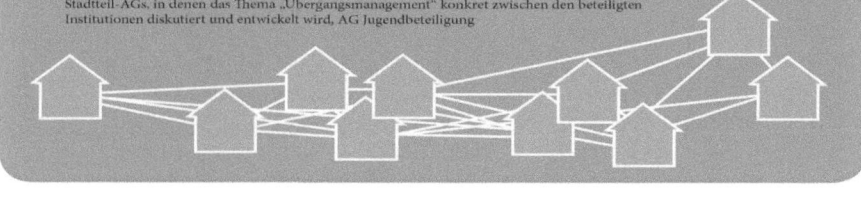

Strategische Entscheider und Unterstützer:

Zentrales Steuerungsinstrument Bildungsbeirat
Der Bildungsbeirat wurde vom Rat der Stadt einberufen. Ihm gehören Vertreter der Bildungseinrichtungen, der Kommunalverwaltung, zivilgesellschaftlicher Träger sowie Elternvertreter an. Funktionen und Aufgaben:

- Beratung der politischen Gremien in Bildungsfragen
- Erstellung von Bildungsberichten und lokalen Bildungsplänen
- Entwicklung von Handlungskonzepten und Zielorientierungen in Fragen der Bildung, Betreuung und Erziehung
- Förderung des Dialogs zwischen Schulen und Jugendhilfeträgern

Projektbeirat
Der Projektbeirat wurde einberufen, um weitere Entscheider und Unterstützer auch außerhalb der Kommune selbst in den Prozess einzubeziehen. Ihm gehören Vertreter des Landkreises, des staatlichen Schulamts, des Landtags, aus Unternehmen und Stiftungen an.

Projektsteuerung:

Steuergruppe
- Konzeptentwicklung
- Projektmanagementaufgaben
- Bündelung von Zwischenergebnissen
- Zeitliche Steuerung des Prozesses und Synchronisierung von Teilergebnissen
- Selbstevaluation

Operative Entwicklungsarbeit
80-100 Einzelakteure, i. d. R. Fachkräfte aus Bildungseinrichtungen, bei kommunalen Fachtagen Stadtteil-AGs, in denen das Thema „Übergangsmanagement" konkret zwischen den beteiligten Institutionen diskutiert und entwickelt wird, AG Jugendbeteiligung

Für den Erfolg des Prozesses ist nicht nur die Sinnhaftigkeit des konkreten Entwicklungsvorhabens ausschlaggebend, sondern auch die geschickte Choreographie, das systematische Zusammenspiel der verschiedenen Ebenen. Entscheidend ist nach meiner Einschätzung nicht allein die Tatsache, dass es auf diesen Ebenen unterschiedliche Gremien gibt, sondern dass im zeitlichen Verlauf eine Koordination dieser Ebenen erreicht wird, wie die folgende Verlaufsgrafik veranschaulicht:

Abbildung 5: Prozessverlauf in einer lokalen Bildungslandschaft am Beispiel Weiterstadt (Grafik: DKJS 2010)

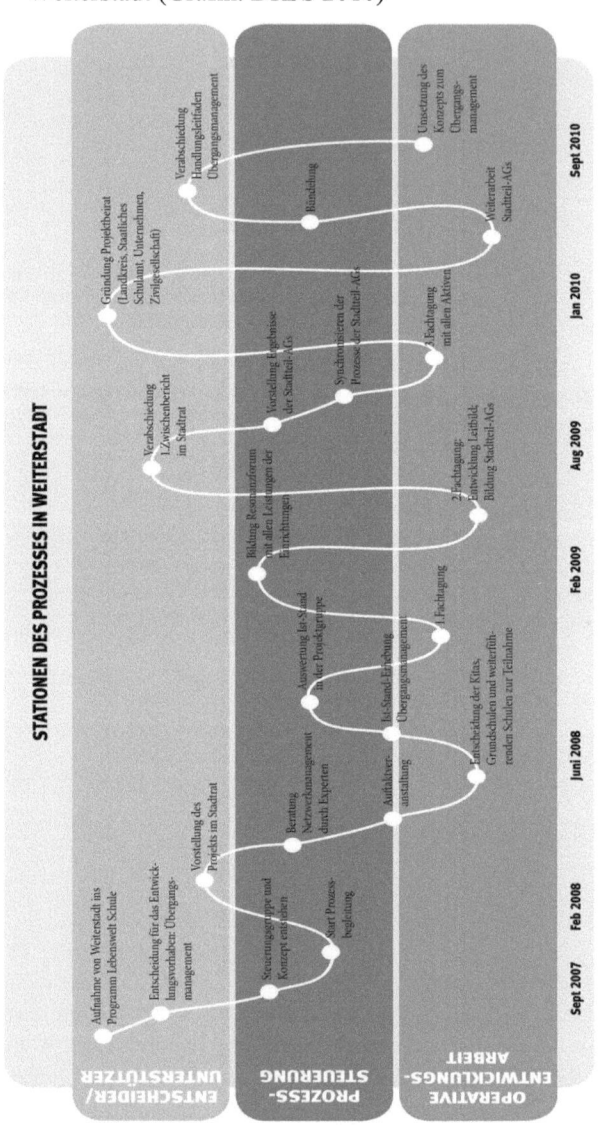

Die Entwicklungen der unterschiedlichen Ebenen beziehen sich zwar aufeinander bzw. auf das gemeinsame Vorhaben, aber es geschehen jeweils verschiedene Dinge:

Während auf der Ebene der Unterstützer und Entscheider Rahmenbedingungen gestaltet und Grundsatzstrategien formuliert werden, liegt der Hauptteil der inhaltlichen Entwicklungsarbeit auf operativer Ebene. Ein wichtiger Gelingensfaktor ist, einen guten Rhythmus zu finden und für eine Synchronisierung des Geschehens zu sorgen.

Im Falle von Weiterstadt liegt diese Aufgabe der Synchronisation ganz wesentlich in der Mitte des Systems, also auf der Ebene der Prozesssteuerung, hier unterstützt durch eine professionelle Prozessbegleitung. Konkret heißt das: Die Steuergruppe hat ein erstes Grobkonzept erarbeitet und dieses im Programmbeirat vorgestellt, wo es verabschiedet wurde. In Richtung der Praxis-Ebene hat die Steuergruppe das Grobkonzept in einer öffentlichen Veranstaltung vorgestellt, an der Lehrkräfte und Mitarbeiterinnen und Mitarbeiter aus Schulen und Kindertageseinrichtungen sowie Schüler- und Elternvertreter teilgenommen haben. Dort, auf operativer Ebene, wird das Grobkonzept konkretisiert, mit Leben erfüllt und umgesetzt. Beispielsweise werden in Stadtteil-AGs die ganz konkreten Schritte des neuen Übergangsmanagements Kita–Grundschule–weiterführende Schule diskutiert: Sollen Lerndokumentationen benutzt werden? Wie sollen die aussehen? Wie soll damit gearbeitet werden? Wie soll die Kommunikation mit den Eltern gestaltet werden, wie arbeiten die Fachkräfte zusammen?

Die Ergebnisse dieser konkreten Entwicklungsarbeit werden in der Steuergruppe zusammen geführt und gebündelt. Sie sorgt außerdem für den richtigen Rhythmus: Wann kommen die Stadtteil-AGs wieder zusammen? Welche Zwischenergebnisse kann man zu welchem Zeitpunkt erwarten und kommunizieren?

Man kann also tatsächlich sagen, dass die viel gesuchte Kopplung von Topdown-Steuerung mit Prinzipien der Bottom-up-Entwicklung in diesem Fall existiert und sehr gut funktioniert. Diese Verbindung hat den entscheidenden Vorteil, dass zwei Entwicklungslinien zusammen gedacht werden können: Die operative Entwicklungsarbeit in der Praxis und die Gestaltung von Rahmenbedingungen. Im konkreten Fall führt das dazu, dass die Kommune zusätzliche Mittel aufbringt, um die Beteiligung der kommunalen Kitas am Prozess zu ermöglichen. Wie erwähnt, fließen auch in die Schulen kommunale Ressourcen. Um den gesamten Prozess sowohl inhaltlich als auch finanziell langfristig zu sichern, wurde der Projektbeirat ins Leben gerufen, an dem sich unter anderem das Staatliche Schulamt, der Landkreis und regional tätige Stiftungen beteiligen. Diese breite Unterstützung wäre undenkbar, wenn auf der operativen Seite nicht mit großem Engagement der Praktiker an der konkreten Umsetzung der Idee einer individuellen Begleitung der Lernwege an den Übergängen Kita–Grundschule–weiterführende Schule gearbeitet würde.

Schlussfolgerungen

Die zentralen Überlegungen zur Steuerung von Schulen, die sich aus den Erfahrungen mit lokalen Bildungslandschaften ableiten lassen, sollen noch einmal in Kurzform zusammengefasst werden:

- *Stakeholder beteiligen:* In der bestehenden linearen Steuerungslogik sind zentrale Stakeholder unterrepräsentiert. Daraus entstehen viele der von Knoke und Hoffsommer aufgezeigten Probleme. Notwendig ist also eine Struktur der Steuerung, die alle zentralen Akteure einbezieht.
- *Ziele formulieren und überprüfen:* In der bisherigen Steuerung von Schulen gibt es keinen Rahmen für konkrete, auf die Bedingungen und Voraussetzungen der Einzelschule bezogene Zielformulierungen. Infolgedessen fehlen auch Maßstäbe zur Beurteilung und Überprüfung von Entwicklungen.
- *Vorhaben statt Vorgaben:* Hiermit im Zusammenhang steht, dass Anforderungen häufig in Form von Vorgaben und Anordnungen an Schulen gerichtet werden. Qualitätsmaßstäbe und eigene Veränderungsbedarfe von Schulen müssten aber zusammengeführt und in Entwicklungsvorhaben übersetzt werden. Die Arbeit an solchen Entwicklungsvorhaben ist jedoch in den herkömmlichen Abläufen und Strukturen im Allgemeinen nicht vorgesehen. Es geht nicht nur darum, für diese Übersetzungsarbeit einen verbindlichen Rahmen zu schaffen. Die an der Schnittstelle von externen Qualitätsmaßstäben und internem Handlungsbedarf entwickelten Vorhaben müssten in einer klug angelegten Steuerung Ausgangs- und Referenzpunkt aller weiteren Schritte sein.
- *Ressourcen, Rahmenbedingungen und Entwicklung zusammen denken:* Dies ist kein Ruf nach einer alle Schulen überschüttenden Gießkanne und nach einem grundsätzlichen und nicht näher definierten „Mehr", wie es oft zu hören ist. Aber wenn, wie eben vorgeschlagen, Entwicklungsziele formuliert werden, ohne auf dem Weg zu deren Verwirklichung über die dafür erforderlichen Rahmenbedingungen und eine flankierende Unterstützung zu sprechen, dann werden falsche Erwartungen geweckt, Enttäuschung ist vorprogrammiert und Entwicklungsblockaden stellen sich ein. Ebenso wenig wird ein Ruf nach besseren Rahmenbedingungen Gehör finden können, wenn dieser nicht an abgestimmte, als sinnvoll erachtete und überprüfbare Entwicklungsziele gekoppelt ist.

- *Entwicklungsvorhaben choreographieren:* Entwicklungsvorhaben brauchen Zeit, wenn alle Beteiligten mitgenommen werden sollen. Die Einbeziehung aller Akteure ist aber eine unverzichtbare Bedingung für die Verstetigung von Veränderungen. Dies ist ein Plädoyer für klare Entscheidungen und Beschränkungen: Wenn man sich in einem Jahr oder einer Legislaturperiode für ein wesentliches Reformvorhaben entscheidet, können nicht gleichzeitig fünf andere Vorhaben umgesetzt werden, die ebenfalls Zeit, Kraft und Ideen kosten.

Zwei Szenarien für die Steuerung von Schule

Schließen möchte ich mit zwei Vorschlägen, wie auf der Grundlage dieser Überlegungen die Steuerung von Schulen besser gelingen könnte. Beiden gemeinsam ist der Versuch, die lokale Ebene und die staatliche Aufsicht sinnvoll miteinander in Beziehung zu setzen, unterschiedlich ist nur der Weg dorthin. Beide Modelle sind grundsätzlich mit dem Aufbau lokaler Bildungslandschaften vereinbar, sie unterscheiden sich jedoch hinsichtlich der Rollen und der Beziehungen der einzelnen Beteiligten zueinander.

Modell 1: staatlich-kommunale Steuerung

Diese Variante wird derzeit in der thüringischen Stadt Saalfeld erprobt, die sich schon seit einigen Jahren auf den Weg zu einer lokalen Bildungslandschaft gemacht hat. Jede Schule hat eine jährlich tagende Steuergruppe, an der drei Institutionen teilnehmen: Das Staatliche Schulamt in seiner Funktion als Schulaufsicht, die Kommune als Schulträger und Träger der Schulsozialarbeit sowie die Schulleitung. In diesen Steuergruppen werden Jahr für Jahr Entwicklungsziele vereinbart und deren Verwirklichung überprüft. Alle drei Teilnehmer der Gruppe stehen repräsentativ für weitere Gruppen: Das Schulamt vertritt die strategischen Landesinteressen, die Kommune steht stellvertretend für das „Gemeinwesen" und repräsentiert die lokalen Erwartungen an die Schulen. Sie hat damit auch die Möglichkeit, die Entwicklung der einzelnen Schulen miteinander zu koordinieren. Beide haben in ihrem jeweiligen Bereich Einflussmöglichkeiten auf Rahmenbedingungen und Ressourcen, die sie gezielt zur Unterstützung der Ziele einbringen können. Die Schulleitung wiederum vertritt die Gremien der schulischen Selbstverwaltung, also das Kollegium, Lehrer- und Schülerschaft sowie die Eltern. Diese Steuerungsstruktur der Einzelschulen ist eingebettet in einen sehr beteiligungsorientierten kommunalen Entwicklungsprozess.

Mit diesem Verfahren gelingt eine intensive Einbeziehung unterschiedlicher Stakeholder und damit ihrer Interessen. Die Kommune hat die Möglichkeit, auch aus der Perspektive der Jugendhilfe heraus zu argumentieren. Sie kann auf Besonderheiten der Region hinweisen, den Kontakt zu Kooperationspartnern vermitteln; sie bündelt Interessen, die von verschiedenen Akteuren vor Ort formuliert werden, und bringt sie in die Diskussion ein. Durch die regelmäßige Einbeziehung des Staatlichen Schulamts wird eine enge vertikale Kommunikation gepflegt: Das Schulamt kann seine Rolle als Repräsentant allgemeiner Qualitätsstandards spielen und in den Diskurs einbringen, lernt dabei aber gleichzeitig die konkreten Herausforderungen vor Ort kennen. Die Schulleitung wiederum argumentiert aus den ganz spezifischen Bedingungen der Einzelschule heraus, muss diese aber in Beziehung setzen zu den allgemeinen Qualitätsanforderungen, die vom Schulamt formuliert werden, und den Erwartungen der Kommune. Beide, Schulamt und Kommune, vertreten jedoch nicht nur Anforderungen, sondern stellen auch Unterstützung bereit, um die gemeinsam formulierten Ziele erreichen zu können, etwa in Form von Ressourcen, Stundenabminderungen, Qualifizierungsangeboten und Kooperationsmöglichkeiten.

Schulentwicklung wird als Prozess verstanden, der mit jährlicher Zielformulierung und -überprüfung einhergeht. Wenn die staatlich-kommunale Steuerungsgruppe es geschickt versteht, jeweils „nach oben" und „nach unten" zu kommunizieren und so die genannten Stakeholder wirklich mit ins Boot zu holen, dann entsteht hier eine Verantwortungsgemeinschaft, bei der viele die Chance haben, ihre Ideen und Erwartungen einzubringen und die Schule gemeinsam besser zu machen, ohne dass dieser Prozess in einem Meer der Beliebigkeit versinkt.

Modell 2: Checks and Balances

Das zweite Modell ist eher an nordamerikanischen Erfahrungen orientiert, die von jeher Schule als Teil des Gemeinwesens verstehen. In diesem Modell gibt es eine klare Rollentrennung zwischen der kommunalen Seite – man könnte sagen: der Community – und der Seite der staatlichen Schulaufsicht; dies entspricht einem nordamerikanischen Demokratieverständnis und setzt auf „Checks and Balances", also auf austarierte Systeme, bei denen nie alle Entscheidungsmacht an einer Stelle gebündelt ist. Man könnte sagen, dass sich in diesem Modell „Exekutive" und „Legislative", also die Umsetzer und die demokratisch legitimierte Aufsicht der Umsetzer, einander gegenüber stehen.

Das lokale Gremium – School Board – ist mit Vertretern der Kommune, der Schulen, der Jugendhilfe, der Zivilgesellschaft besetzt. Hier werden übergreifende lokale Entwicklungsziele sowie spezifische Ziele für jede einzelne Schule formuliert. Daraus entsteht ein lokal getragenes Konzept oder Profil jeder Einzelschule. Zwar werden bei der Entwicklung übergreifende staatliche Vorgaben mitgedacht, es gibt jedoch keine direkte Repräsentation der Ebene der staatlichen Schulaufsicht in dem rein lokalen Gremium, das die Verantwortung für die Entwicklung der Schulen in einem bestimmten Gebiet hat. Es gibt keine Trennung zwischen äußeren und inneren Angelegenheiten, sondern das School Board – das natürlich demokratisch legitimiert sein muss – trägt für sämtliche Belange, die die Schulen betreffen, die Verantwortung. Durch die breite lokale Repräsentanz ist es auch hier möglich, Erwartungen und Unterstützungsangebote zu bündeln.

Diesem starken lokalen Gremium steht eine ebenso starke staatliche Schulaufsicht gegenüber. Sie hat die Aufgabe, die lokalen Konzepte zu prüfen und zu billigen. Sie kann sie bestätigen oder verwerfen, sie kann Auflagen machen und die Umsetzung überprüfen. Sie stellt Fragen: Gehen die Vorhaben mit den staatlichen Vorgaben konform? Sind grundlegende Qualitätsmerkmale eingehalten? Und werden die darin formulierten Ziele auch umgesetzt? Woran lässt sich das ablesen?

Die Schulaufsicht hat damit eine Funktion, die einem Aufsichtsrat ähnlich ist, während das lokale Gremium einem Vorstand (eines Unternehmens oder auch eines Vereins) entspricht. Die einen entwickeln Konzepte und setzen sie um, die anderen haben eine unabhängige Kontrollfunktion. Dadurch entsteht eine Verhandlungssituation zwischen zwei Seiten: Wahrscheinlich werden die lokalen Akteure für ihr Konzept streiten und versuchen, die Aufsicht davon zu überzeugen. Umgekehrt kann die Aufsicht die Zustimmung verweigern, wenn sie gravierende Qualitätsmängel sieht. In diesem Modell ist die Funktion einer unabhängigen Schulaufsicht an zentraler Stelle gebündelt; die in Deutschland existierende mittlere Ebene der Schulämter würde in dieser Form nicht weiter existieren; ihre Funktionen würden zwischen zentraler Schulaufsicht und den lokalen School Boards aufgeteilt. Dagegen bleibt im ersten Modell die Ebene der Staatlichen Schulämter bestehen und es verändern sich vor allem die Steuerungsverfahren.

Beide Modelle, so meine Überzeugung, erhöhen Transparenz, ermutigen zum Entscheiden und schaffen bessere Bedingungen für die Identifikation zentraler Stakeholder mit „ihrer" Schule. Und diese Identifikation, verbunden mit echten Gestaltungsmöglichkeiten und gegenseitiger Kontrolle, schafft einen guten Rahmen und ist damit der weltbeste Motor für die Qualitätsentwicklung von Schulen: reflektierte Leidenschaft!

Literatur

Bleckmann, Peter/Durdel, Anja (Hrsg.) (2009): Lokale Bildungslandschaften. Perspektiven für Ganztagsschulen und Kommunen. Wiesbaden.

Deutsche Kinder- und Jugendstiftung (Hrsg.) (2007): Bildungslandschaften in gemeinschaftlicher Verantwortung gestalten. Themenheft 07 der Publikationsreihe im Rahmen des Programms „Ideen für mehr! Ganztägig lernen." Berlin.

Dewey, John (1993): Demokratie und Erziehung. Hrsgg. und mit einem Nachwort von Jürgen Oelkers. Nachdruck der 1930 erschienenen deutschen Übersetzung. Weinheim und Basel.

Durdel, Anja/Knauer, Sabine (Hrsg.) (2006): Die neue Ganztagsschule: Gute Lernbedingungen gestalten. Weinheim und Basel.

Schubert, Herbert (Hrsg.) (2008a): Netzwerkmanagement. Koordination von professionellen Vernetzungen. Grundlagen und Praxisbeispiele. Wiesbaden.

Schubert, Herbert (2008b): Strukturelle Grundlagen des Netzwerkmanagements. Fortbildung im Programm „Lebenswelt Schule" der DKJS. Unveröffentlichte Powerpoint-Präsentation.

Schubert, Herbert (2009): Aufbau und Pflege von Kooperationsbeziehungen. Grundlagen, Methoden und Handlungsebenen der Prozessmoderation. Fortbildung im Programm „Ideen für mehr! Ganztägig Lernen." der DKJS. Unveröffentlichte Powerpoint-Präsentation.

Stolz, Heinz-Jürgen (2009): Gelingensbedingungen lokaler Bildungslandschaften. Die Perspektive der dezentrierten Ganztagsbildung. In: Bleckmann, Peter/Durdel, Anja (Hrsg.): Lokale Bildungslandschaften. Perspektiven für Ganztagsschulen und Kommunen. Wiesbaden, S. 105-119.

Das „Wollen" stärken: Schulentwicklungsprozesse erfolgreich initiieren und unterstützen

Andreas Knoke

> *„Unser Wollen ist ein Vorausverkünden dessen, was wir unter allen Umständen tun werden. Diese Umstände aber ergreifen uns auf ihre eigne Weise."*

Johann Wolfgang von Goethe

Niemand hat ein Interesse an schlechten Schulen. Das Gegenteil ist der Fall: Wir alle wollen, dass Kinder und Jugendliche die bestmöglichen Bildungsbedingungen erhalten. Dies gilt für Lehrkräfte und Schulleitungen genauso wie für Bildungspolitiker, Minister, Referenten und die Mitarbeiter der Schulverwaltung. Und für Eltern sowieso. Wenn das gemeinsame Ziel klar ist, warum begegnen sich die Akteure im Bildungssystem dann so häufig mit gegenseitigen Forderungen und nehmen so selten die Motivationen der anderen in den Blick? Anders gefragt: Warum spielen „Sollen" und „Müssen" eine so wichtige Rolle bei der Gestaltung besserer Schulen – „Wollen" dagegen kaum?

Ein verbreitetes Vorurteil gegenüber Bildungsstiftungen lautet, sie würden es sich bei der Förderung schulischer Innovationen (zu) leicht machen: Sie initiierten zeitlich begrenzte Modellprojekte und wählten dafür gezielt nur solche Schulen aus, die sich hoch motiviert und mit viel Unterstützung auf Veränderungsprozesse einlassen: Kein Wunder also, dass Schulentwicklung unter solchen Umständen gelinge. Viel schwieriger und deshalb mit der Arbeit von Stiftungen nicht zu vergleichen sei dagegen die Herausforderung, vor der die Bildungsministerien in den Ländern stehen: Sie seien eben für eine hohe Qualität an allen Schulen verantwortlich – können also nicht auswählen – und stehen deshalb allein schon mit Blick auf die bereits vorhandene Innovationsfreude vor einer weitaus schwierigeren Aufgabe.[1]

---

1 Bei den Analysen des zweiten Ländervergleiches der PISA-Studie wurden Schulen danach unterschieden, ob sie vorhandene Handlungsspielräume entweder intensiv (sogenannte „aktive" Schulen) oder nur in sehr eingeschränkter Form (sogenannte „passive" Schulen) nutzen. Je nach

Zutreffend ist sicher, dass es gravierende Unterschiede zwischen den Aufgaben und Handlungsmöglichkeiten von Stiftungen und Ministerien innerhalb des Bildungssystems gibt. Die skizzierte Wahrnehmung verkennt jedoch auf der einen Seite, dass Stiftungen nicht allein auf Freiwilligkeit und Anreize setzen. Und auf der anderen Seite werden Ministerien ebenso wie Schulverwaltungen auch nicht darum herumkommen, an vorhandenen Motivationen innerhalb schulischer Kollegien anzusetzen bzw. diese gezielt zu fördern, wenn sie ihrer Rolle gerecht werden und schulische Innovationen voranbringen wollen. Anstatt also die Unterschiedlichkeiten zu betonen, erscheint es lohnend, wenn Stiftungen und Ministerien oder Schulverwaltungen wechselseitig auf ihre Stärken schauen und voneinander lernen.

In diesem Sinne werden im folgenden Artikel Erfahrungen und Ansätze aus der Arbeit der Deutschen Kinder- und Jugendstiftung vorgestellt, die auf das Wollen von Lehrerinnen und Lehrern setzen und sie in ihrem Anliegen stärken, eine gute Schule zu verwirklichen. Statt vorzuschreiben, was zu tun ist, zielen sie darauf ab, die „Umstände" so zu gestalten, dass sich schulische Akteure auf das mühsame, zugleich aber notwendige und lohnende Abenteuer Schulentwicklung begeben. Zuvor soll jedoch danach gefragt werden, welche Bedeutung „Müssen", „Wollen" und „Können" für Schulentwicklungsprozesse haben.

Schulische Innovationen gelingen im produktiven Zusammenspiel von „Müssen", „Wollen" und „Können"

Anton Strittmatter[2] benennt das „*produktive Zusammenspiel von ‚Müssen', ‚Wollen' und ‚Können*" als die entscheidende Gelingenskonstellation, um Innovationen an Schulen nachhaltig zu befördern und zu verankern (Strittmatter 2001, 59). Mit diesen drei Schlagworten verweist er auf die folgenden Aspekte:

1. Mit „Müssen" sind zum einen gesetzliche Rahmenbedingungen und Verordnungen der Schuladministration gemeint, die eine bestimmte Entwicklung legitimieren bzw. einfordern. Die Kategorie „Müssen" bezieht sich zum anderen aber auch auf Handlungsnotwendigkeiten, die auf Seiten von Lehrerinnen und Lehrern aufgrund von wahrgenommenen Bedrohungen (z. B.

---

wahrgenommener Problemlage wurden sie zudem in „belastete" oder „unbelastete" Schulen eingeteilt. Das Ergebnis war, dass insgesamt 26% als „unbelastet und passiv" und 27% als „belastet und passiv" galten. Demgegenüber wurden 32% als „belastet und aktiv" und nur 15% als „unbelastet und aktiv" bezeichnet (vgl. Prenzel et al. 2005, S. 310).
2 Anton Strittmatter ist seit 1994 Leiter der Pädagogischen Arbeitsstelle des Dachverbandes der Schweizer Lehrerinnen und Lehrer (LCH).

Gefahr des Entzuges von Privilegien oder einer Schulschließung), Leidens-
erfahrungen (z. B. Konflikte im Kollegium, Beschwerden, Burn-Out-Vor-
fälle) oder Kontrakten bzw. (Selbst-)Verpflichtungen erwachsen können.

2. Das „Wollen" beschreibt den Umstand, dass Entwicklungen von den
   Pädagoginnen und Pädagogen selbst als erstrebenswert, notwendig und
   sinnvoll angesehen werden müssen, z. B. weil sie sich durch Mitwettbewer-
   ber herausgefordert fühlen, weil sie besondere Privilegien erwarten oder
   weil ihnen die eigene Professionalität bzw. Selbstwirksamkeitssehnsüchte
   ein Handeln „gebieten".

3. Mit „Können" wird die Bedingung thematisiert, dass für langfristige
   Veränderungen auch die notwendigen Kompetenzen, Strukturen und Ressourcen (insbesondere Zeit) verfügbar sein bzw. geschaffen werden müssen.

Die einzelnen Aspekte sind in der folgenden Übersicht dargestellt:

Bedingungen für die nachhaltige Aufnahme von Neuerungen in Schulen
(Strittmatter 2001, S. 63)

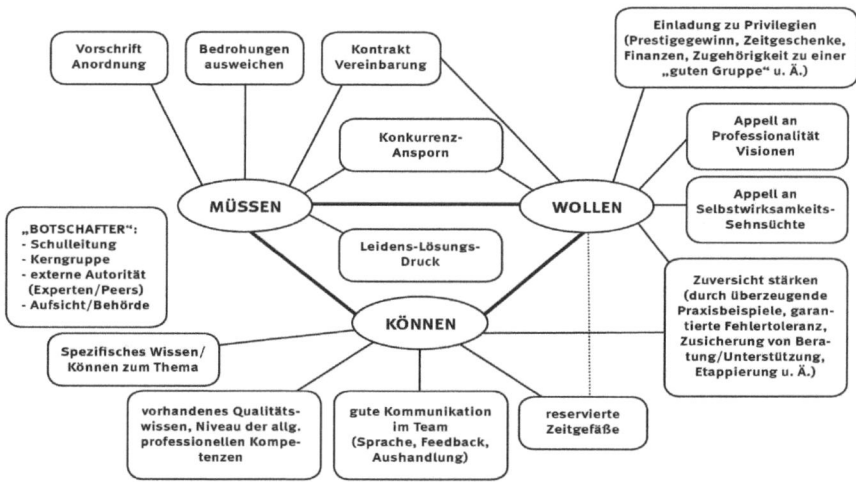

Der besondere Erkenntniswert von Strittmatters Analyse liegt nun nicht so sehr
in der Feststellung, dass schulische Entwicklungsprozesse von diesen drei Be-
dingungsbereichen leben, sondern dass diese in einem *„faktoriellen Verhältnis
zueinander stehen: ist ein Faktor Null, dann wird das Ganze Null"* (ebd.). Anders formuliert: Um Bildungsinnovationen wirksam zu befördern, müssen die
verantwortlichen Akteure im Bildungssystem immer an allen drei Polen aktiv

werden. Wer ausschließlich auf ministerielle Anordnungen setzt oder versucht, allein durch Qualifizierungsangebote nachhaltige Verbesserungen zu erreichen, wird ebenso wenig Aussicht auf Erfolg haben wie derjenige, der nicht dafür sorgt, dass *„nach der Phase der freiwilligen Willensanstrengung eine Sicherung der Innovation durch Überführung in einen selbstverständlichen Rechtsstatus (also eine Portion Müssen) hinzukommt"* (a. a. O., S. 60).

Die Erfahrungen aus der Arbeit der Deutschen Kinder- und Jugendstiftung zeigen eine weitere Grenze auf: Es reicht nämlich nicht aus, wenn einzelne Akteure im Bildungssystem sich nur auf einen oder zwei dieser Aspekte konzentrieren und andere für den Rest zuständig sind bzw. sein sollen – nach dem Motto: Wir stärken das „Wollen" und ihr seid für das „Müssen" verantwortlich. Vielmehr müssen alle Akteure, die alleine oder gemeinsam mit anderen schulische Innovationen nachhaltig befördern wollen, immer auch alle drei Aspekte in den Blick nehmen. Dabei geht es nicht so sehr um das Wie, sondern in erster Linie um das Dass. Denn natürlich ergeben sich aus den unterschiedlichen Rollen und den damit verbundenen unterschiedlichen Handlungsspielräumen von Ministerien, Schulverwaltungen, Schulleitungen, Stiftungen, Wissenschaftseinrichtungen und anderen Akteuren jeweils spezifische Möglichkeiten, für das „Müssen", „Wollen" und „Können" Verantwortung zu übernehmen.

Das „Wollen" stärken!

In seiner Übersicht zu den Bedingungen für eine nachhaltige Aufnahme von Neuerungen an Schulen (siehe Abbildung S. 111) benennt Strittmatter einige grundlegende Strategien, um das „Wollen" von Pädagoginnen und Pädagogen zu befördern. Am Beispiel des Schulentwicklungsvorhabens „prima(r)forscher. Naturwissenschaftliches Lernen im Grundschulnetzwerk"[3] soll nachfolgend gezeigt werden, wie es praktisch gelingen kann, sie herauszufordern, anspruchsvolle Entwicklungsprozesse an ihren Schulen umzusetzen.

---

3 „prima(r)forscher. Naturwissenschaftliches Lernen im Grundschulnetzwerk" ist eine Kooperation der Deutsche Telekom Stiftung und der Deutschen Kinder- und Jugendstiftung, mit der seit Sommer 2007 zunächst zwölf, seit 2009 insgesamt 35 Grundschulen in drei Bundesländern darin unterstützt werden, ein naturwissenschaftliches Schulprofil zu entwickeln und forschendes Lernen im Schulalltag zu verankern.

Wir wollen prima(r)forscher-Schule werden!

Eine erste Voraussetzung, ein umfassendes Modellvorhaben wie prima(r) for-
scher erfolgreich zu gestalten, besteht darin, Schulen herauszufordern und dafür
zu gewinnen, sich auf einen umfassenden – auch anstrengenden – Entwicklungsprozess einzulassen.

Die Themen und Ziele, mit denen Schulen sich auseinandersetzen „sollen",
sind so vielfältig wie die Akteure, die mit entsprechenden „Angeboten" bzw.
„Forderungen" an sie herantreten. Da Entwicklungsprozesse Zeit und Aufmerksamkeit bündeln und gerade diese Ressourcen im Alltagsgeschäft von Schulen
begrenzt sind, müssen Kollegien sehr genau auswählen, welchen Herausforderungen sie sich wann und wie intensiv stellen – und welchen nicht. Um beim
„Wollen" von Pädagoginnen und Pädagogen anzusetzen, müssen deshalb solche
Fragestellungen aufgegriffen werden, die von ihnen als legitime „äußere" Erwartungen anerkannt und/oder von ihnen selbst als wichtige Entwicklungsaufgaben artikuliert werden.

Im Fall von prima(r)forscher gelang dies in drei Schritten:

1. Den Ausgangspunkt für die im Konzept formulierte Entwicklungsfrage
    bildeten die Ergebnisse einschlägiger Bildungsstudien[4] (z. B. „TIMSS"[5]
    oder „PISA"). Sie lautet: *„Wie lassen sich im Bereich naturwissenschaftli-
    cher Grundbildung Ansätze forschend-entdeckenden Lernens erfolgreich in
    den Schulalltag integrieren und welche Unterstützungsangebote benötigen
    Grundschullehrerinnen und -lehrer, um solche Bildungsangebote zu entwi-
    ckeln und zu verankern?"*
2. Die daraufhin erstellte Umsetzungsidee wurde den Vertreterinnen und
    Vertretern von ausgewählten Länderministerien unter der Fragestellung
    vorgestellt, ob dieses Thema aktuell einen wichtigen bildungspolitischen
    Schwerpunkt im Land darstelle und welchen konkreten Entwicklungsbedarf
    sie sehen. Hintergründe hierfür waren, dass bei einem zivilgesellschaftlich

---

4 Dort zeigte sich, dass Grundschülerinnen und -schüler in Deutschland zwar (auswendig gelerntes)
Wissen wiedergeben können, dass sie aber Defizite vor allem im Bereich des konzeptuellen
Verstehens haben, d. h. bei der Anwendung und Übertragung ihres Wissens auf andere
Problemstellungen. Zudem fehlt ihnen das Verständnis für naturwissenschaftliche Arbeitsweisen.
Aus diesen Gründen schneiden sie nicht nur bei den internationalen Vergleichsstudien mittelmäßig
bis schlecht ab, sondern es besteht auch eine Diskrepanz zwischen den erreichten Fähigkeitsniveaus
und den Kompetenzen, die mit Blick auf naturwissenschaftliche Grundbildung – beispielsweise in
den Rahmenlehrplänen – angezielt und erwartet werden.
5 „Dritte Internationale Mathematik- und Naturwissenschaftsstudie" (Third International Mathe-
matics and Science Study – TIMSS; vgl. http://www.timss.mpg.de; 06.10.2010)

initiierten Vorhaben auch die Ministerien „wollen" müssen und dass sich
Schulen bei der Auswahl ihrer Entwicklungsaufgaben natürlich auch an den
Themen orientieren, die seitens der Länderministerien (sowieso) bei ihnen
eingefordert werden.

3. Schließlich luden die Programmverantwortlichen Pädagoginnen und
   Pädagogen von interessierten Grundschulen zu Auftaktveranstaltungen ein,
   um mit ihnen sowie mit Wissenschaftlern und Ministerienvertretern die
   Ziele und Umsetzungsvorschläge zu diskutieren. Sie wurden auf diese
   Weise nicht nur in die Ausgestaltung aktiv einbezogen, sondern erhielten
   auch Materialien und fachliche Argumente, um innerhalb ihrer Kollegien
   für eine breite Unterstützung und ein gemeinsames „Wollen" zu sorgen.
   Denn die Zustimmung und Unterstützung der gesamten Schulgemeinschaft
   stellen ein wichtiges Kriterium für die Teilnahme an prima(r)forscher dar –
   zu Beginn, aber auch im weiteren Verlauf.

*Offene Schulentwicklung als Dialog von Praktikern, Wissenschaftlern und
Verantwortungsträgern*

Ein zweiter Aspekt, der sich auf das „Wollen" der beteiligten Pädagoginnen und
Pädagogen bezieht, besteht darin, dass prima(r)forscher von Beginn an als ein
„offenes Schulentwicklungsvorhaben" konzipiert wurde. Diese Festlegung hat
drei wichtige Implikationen für die erfolgreiche Umsetzung:

1. Zur Grundphilosophie von prima(r)forscher, die von Beginn an sehr
   transparent dargestellt und konsequent beibehalten wurde, gehört, dass es
   nicht darum geht, „fertige Rezepte" oder Ansätze zu vermitteln, die dann an
   Schulen umgesetzt werden (sollen). Die gemeinsame Herausforderung besteht vielmehr darin, ausgehend vom gemeinsamen Ziel – eine bessere naturwissenschaftliche Bildung an Grundschulen – alltagstaugliche Ansätze
   zu entwickeln, die sich an den konkreten Anforderungen und Ausgangsla-
   gen von Grundschulen orientieren. Das bedeutet einerseits, dass jede Schule
   ihren eigenen Weg gehen und ihre eigenen Vorstellungen umsetzen kann
   und dass der Erfolg sich letztendlich daran misst, was in der Praxis funktioniert und wirkt. Es erfordert andererseits aber auch, dass alle Beteiligten der
   immer wieder auftretenden Versuchung nach schnellen Ergebnissen und
   einfachen Antworten widerstehen.

2. Ein solches Vorhaben kann nur gelingen, wenn alle Akteure in einem engen
   Austausch miteinander stehen, in ihrer spezifischen Expertise anerkannt
   werden und diese gleichberechtigt einbringen können:

- die Pädagoginnen und Pädagogen ihr praktisches und fachliches Wissen über die Möglichkeiten und Grenzen von Unterricht und Schule,
- die Länderministerien ihre Kompetenz – in der doppelten Bedeutung, also i. S. v. „Fähigkeit" und „Befugnis"! –, geeignete Rahmenbedingungen zu gestalten und Synergien zu bestehenden Strukturen herzustellen,
- die Wissenschaftlerinnen und Wissenschaftler ihre Fähigkeiten, mit theoretischen Erkenntnissen die Praxis zu bereichern und umgekehrt Praxiswissen zu systematisieren, und
- die Stiftungen und ihre Partner in den Ländern ihre Erfahrungen, einen fachlichen Dialog zwischen den Akteuren zu moderieren und bedarfsgerechte Unterstützungsangebote zu erstellen.

Für die konkrete Ausgestaltung von prima(r)forscher heißt dies, dass sich Vertreterinnen und Vertreter dieser vier Gruppen beispielsweise regelmäßig bei Netzwerktreffen mit den bisherigen und künftigen Entwicklungen kritisch und „ergebnisoffen" auseinandersetzen. Dazu gehört, dass die Ergebnisse der Evaluation gemeinsam diskutiert, zusätzliche und veränderte Unterstützungsangebote (u. a. überregionale Fortbildungen zu Schulentwicklungsfragen) verabredet oder Qualitätskriterien für alle prima(r)forscher-Schulen gemeinsam entwickelt werden. Auch an der Auswahl weiterer Grundschulen im Sommer 2009 waren alle vier Gruppen aktiv beteiligt.

3. Die unterschiedlichen Erwartungen, die die einzelnen Akteursgruppen mit prima(r)forscher verbinden, müssen allen bekannt sein. So versprechen sich die beteiligten Schulen in erster Linie natürlich einen größtmöglichen Gewinn für ihre eigene Einrichtung und für ihre Schülerinnen und Schüler und versuchen deshalb, bestmöglich von den prima(r)forscher-Angeboten zu profitieren. Für die Stiftungen und Länder dagegen spielen die einzelnen Schulen „nur" vor dem Hintergrund eine Rolle, als sie mit ihrer Hilfe ein Modell und einen Transferansatz entwickeln wollen, um die naturwissenschaftliche Bildung an potentiell allen Schulen zu verbessern. Sie achten deshalb darauf, keine allzu aufwendigen Sonderbedingungen zu schaffen und die Unterstützungsangebote so zu gestalten, dass sie übertragbar sind. Die Erfahrungen aus prima(r)forscher zeigen, wie wichtig es ist, diese unterschiedlichen, sich aber nicht ausschließenden Interessen immer wieder offen zu thematisieren und für gegenseitige Akzeptanz zu werben: Das beginnt bei den Ausschreibungs- und Bewerbungsmaterialen, in denen sowohl die Angebote („*Das hat Ihre Schule von prima(r)forscher!*") als auch die Anforderungen an die Schulen („*Was erwartet Sie, wenn Ihre Schule prima(r)forscher-Grundschule wird?*") klar und ausführlich benannt wer-

den. Es spielt jedoch auch bei den gemeinsamen Treffen oder bei auftretenden Konflikten immer wieder eine Rolle.

Schulentwicklung darf Spaß machen und lebt von Anerkennung

Ein drittes wichtiges Erfolgselement, um das Wollen der Pädagoginnen und Pädagogen zu stärken, besteht darin, die Auseinandersetzung mit dem häufig recht akademisch und trocken behandelten Thema Schulentwicklung für alle Beteiligten „lustvoll" zu gestalten und durch verschiedene Formen von Anerkennung zu unterstützen.

Im Fall von prima(r)forscher gelingt dies u. a. mithilfe von gut durchdachten und zugleich aufwendig und humorvoll gestalteten Materialien:

1. Das Bewerbungsheft: Es fordert interessierte Schulen heraus, sowohl die eigene Schule und ihre Ausgangslage als auch die konkreten Erwartungen, Ziele und geplanten Maßnahmen sehr detailliert zu beschreiben. Die insgesamt 30 Fragen wurden so gewählt, dass sie erste Aushandlungsprozesse an den Schulen initiieren und dass die Antworten gleichzeitig die Informationen liefern, die für eine gute Auswahl durch eine Jury wichtig sind. Das recht umfangreiche Heft wird durch Comic-Figuren und Randmoderationen aufgelockert, die mit einem „Augenzwinkern" die Themen und Fragestellungen präzisieren bzw. den Antworthorizont erweitern. Die Rückmeldungen vieler Schulen – auch solcher, die nicht ausgewählt wurden – bestätigen, dass sie sich durch diese Form der Aufbereitung angesprochen fühlen und dass bereits die Bewerbung erste inhaltliche Impulse ausgelöst hat.

2. Türschilder und Aufsteller: Allen prima(r)forscher-Schulen wurde zu Beginn feierlich ein Türschild überreicht, das sie als eine „Schule mit naturwissenschaftlichem Profil" ausweist. Die damit verbundene Wirkung ist nicht zu unterschätzen. Die meisten Schulen haben das Schild – nicht ohne Stolz – für alle sichtbar am Schulgebäude angebracht und es trägt auf diese Weise zur Identifikation der Schulgemeinschaft mit dem Entwicklungsvorhaben bei.[6] Darüber hinaus erhielten die Schulen einen Aufsteller, mit dem sie bei Veranstaltungen oder im Schulhaus ihre Beteiligung an prima(r)forscher sichtbar machen.

3. Gimmicks: Aufkleber, Notizbücher, Mappen und Bleistifte im prima(r)forscher-Design sind kleine Mittel, die einerseits die Beteiligung an „prima(r)-forscher" in der Schule sichtbar machen helfen und andererseits so gewählt

---

6 Eine prima(r)forscher-Schule hat darüber hinaus von ihrer Kommune zwei eiserne, zwei Meter hohe Stelen bekommen, die vor dem Eingang aufgestellt wurden und ebenfalls auf prima(r)forscher verweisen.

wurden, dass sie den Entwicklungsprozess auch konkret unterstützen, indem sie beispielsweise an den Schulen als Forscherbücher, zum Beschriften von Kisten oder als Portfolio-Mappen verwendet werden.

Wichtige Formen der Anerkennung bei prima(r)forscher über die Materialien hinaus sind,

1. dass die Netzwerktreffen und Fortbildungen sorgfältig vorbereitet und von einer – leider nicht immer unbedingt selbstverständlichen – wertschätzenden Haltung getragen werden. Sie zeigt sich beispielsweise darin, dass die verschiedenen Akteursgruppen in die inhaltliche Planung eingebunden werden, für gute Verpflegung und ansprechende Räumlichkeiten gesorgt wird und auch ausreichend Zeit für informellen Austausch oder gemeinsame Aktivitäten jenseits von prima(r)forscher zur Verfügung steht.

2. dass eine wissenschaftliche Evaluation die Aktivitäten der Schulen begleitet und den Pädagoginnen und Pädagogen dabei mit großer Offenheit und ohne „erhobenen Zeigefinger" begegnet. Die damit verbundene Haltung, die von einem ehrlichen Interesse an den Entwicklungsmöglichkeiten und -grenzen geprägt ist und die auch kritische Rückmeldungen nicht ausschließt, stärkt das Vertrauen und die Zuversicht der Lehrerinnen und Lehrer in die eigenen Fähigkeiten und Potenziale.

3. dass Ministerien aktiv eingebunden werden und eine interessierte Öffentlichkeit über das Vorhaben informiert wird. Diese Form von Aufmerksamkeit und Interesse gibt den Pädagoginnen und Pädagogen Rückhalt und ist ein wichtiges Signal dafür, dass sie mit ihrer Entwicklungsarbeit wahr- und ernst genommen werden.

4. dass die Schulen Entwicklungsmittel erhalten, über deren Verwendung sie frei entscheiden und die sie selbstständig verwalten. Ausschlaggebend ist dabei nicht die Höhe der Mittel – die prima(r)forscher-Schulen erhalten 2.500 Euro für zwei Schuljahre! Aber die Mittel sind Ausdruck der Überzeugung, dass Schulen ihre eigenen Bedarfe am besten kennen und darauf zugeschnittene Angebote am besten selbst organisieren können.

Abschließend sei betont, dass wir den prima(r)forscher-Schulen diese Anerkennung und Unterstützung nicht geben, weil sie sich über ein erwartbares Maß hinaus engagieren: Schulentwicklung und eine gute naturwissenschaftliche Grundbildung gehören zu den Kernaufgaben von Schule. Die Pädagoginnen und Pädagogen erhalten Anerkennung und Unterstützung vielmehr, weil beides anspruchsvolle und zugleich wichtige Aufgaben sind. Dieser feine Unterschied macht deutlich, weshalb alle Schulen einen Anspruch darauf haben, in ihrem „Wollen" ernst genommen und gefördert zu werden.

Das „Wollen" als Grundlage für Steuerungshandeln im Bildungssystem?

Wie nach Strittmatters Bedingungsanalyse für schulische Entwicklungsprozesse eingangs dargestellt, müssen die verschiedenen Akteure im Bildungssystem jeweils eigene Formen finden, Verantwortung für das „Müssen", „Wollen" und „Können" zu übernehmen. Die spezifische Aufgabe eines Ministeriums beispielsweise besteht darin, bildungspolitische Ziele und Vorgaben flächendeckend, mit hoher Verbindlichkeit und den zur Verfügung stehenden Ressourcen umzusetzen. Mit dieser Rolle gehen Handlungsmandate einher, die andere sind als die von Stiftungen oder auch die einer Schulverwaltung und die deshalb auch andere Möglichkeiten eröffnen, das „Müssen", „Wollen" und „Können" mit Blick auf schulische Innovationen zu unterstützen.

Eine Eins-zu-eins-Übertragung der dargestellten Stiftungsansätze auf die Arbeit von Ministerien oder der Schulverwaltung erscheint daher weder möglich noch angemessen. Dennoch lassen sich die grundlegenden Erfahrungen von prima(r)forscher durchaus adaptieren: Dies beginnt bei der Verantwortung, einen intensiven Dialog zwischen allen Beteiligten zu fördern und Prozesse sowie Entscheidungen transparent zu gestalten. Und es reicht bis zu der Vermutung, dass es sinn- und wirkungsvoller sein kann, allgemeine und verbindliche Zielvorgaben in offene und konkrete Schulentwicklungsvorhaben zu übersetzen (vgl. dazu auch den Beitrag von Peter Bleckmann i. d. B.), anstatt Maßnahmen festzulegen und deren Anwendung zu verordnen.

Um ein Missverständnis zu vermeiden: Das „Wollen" zu stärken bedeutet nicht, lediglich den bereits vorhandenen Wünschen und Vorschlägen aus der Praxis zu folgen. Vielmehr geht es darum, die Pädagoginnen und Pädagogen herauszufordern, Verantwortung für die schulische Qualität zu übernehmen. Dies bedeutet im Grunde nichts anderes, als an die „Selbstwirksamkeitssehnsüchte" und die „Professionalität" von Lehrerinnen und Lehrern zu appellieren – zwei Aspekte, die Strittmatter als wichtige Strategien benennt, um das „Wollen" zu befördern.

Dass und wie offene Entwicklungsvorhaben eine Brücke zwischen „Müssen" und „Wollen" schlagen, indem sie auf der einen Seite klare Zielvorgaben machen und Schulen auf der anderen Seite die Möglichkeit bieten, eigene, für sie passende Wege zu gehen, illustriert das folgende Zitat aus der Evaluation von prima(r)forscher:

„Hierbei ist zu beachten, dass prima(r)forscher – als ein offenes, umfassendes Entwicklungsprojekt, das sich zum Ziel setzt, das forschende Lernen der Schülerinnen und Schüler zu fördern, die Pädagoginnen und Pädagogen zu professionalisieren und die naturwissenschaftliche Profilierung der Grundschulen zu erweitern und zu verbessern – von Seiten der Schulen eine große Bereit-

schaft zur Veränderung im unterrichtlichen, organisatorischen und personalen Schulkontext fordert. Auf der anderen Seite bietet das Programm jedoch auch eine inhaltliche Rahmung im Sinne der naturwissenschaftlichen Orientierung zur Veränderung der eigenen Schulkultur. Den Gewinn durch prima(r)forscher sehen die Schulen vor allem darin, dass sie für ihre eigene Schulentwicklung ‚wirklich die eigenen Interessen und Bedürfnisse und Schwerpunkte so setzen [können], wie es dann auch gebraucht wird.' (Schulleiterinterview April 2008)" (Ramseger et. al. 2009, 61).

Literatur

Prenzel, Manfred/Baumert, Jürgen/Blum, Werner/Lehmann, Reiner/Leutner, Detlev/Neubrand, Michael/Pekrun, Reinhard/Rost, Jürgen/Schiefele, Ulrich (Hrsg.) (2005): PISA 2003. Der zweite Vergleich der Länder in Deutschland – Was wissen und können Jugendliche? Münster.

Strittmatter, Anton (2001): Bedingungen für die nachhaltige Aufnahme von Neuerungen an Schulen. In: journal für schulentwicklung, 15. Jg. , H. 4, S. 58-66.

Ramseger, Jörg/Mey, Günter/Mruck, Katja/Vock, Rubina/Leser, Irene (2009): prima(r)forscher. Naturwissenschaftliches Lernen im Grundschulnetzwerk - Dritter Evaluationsbericht. Internationale Akademie für innovative Pädagogik, Psychologie und Ökonomie an der Freien Universität Berlin – INA gGmbH (unveröffentlichtes Manuskript). Berlin.

Teil 3: Nachgefragt

Wie steuert sich ein Schulsystem?
Annäherungen an einen Begriff mit Konjunktur

Herbert Altrichter

Der Begriff der „Steuerung" hat in den letzten Jahren Konjunktur in bildungspolitischen Debatten. In Bildungspolitik, -verwaltung und -forschung spricht man
allenthalben von „neuen Steuerungsmodellen", von „Mängeln in der Systemsteuerung" oder von der „Umstellung von Input- auf Outputsteuerung". Im
folgenden Beitrag sollen einige sprachliche Varianten des Steuerungskonzepts
und die dahinter stehenden Erwartungen angesprochen werden. Sodann wird –
mit Bezug auf die Daten von Knoke und Hoffsommer (i. d. B.) – gefragt, in
welcher konkreten Gestalt „Steuerung" in einem Schulsystem auftritt und wie sie
geschieht. Die Tatsache, dass wir bisher recht wenig über reale „Steuerungsver-
läufe" wissen, führt zur Forderung nach deren genauerer Erforschung. Die Governance-Perspektive wird als ein Ansatz zur Erforschung von Steuerungsver-
hältnissen vorgestellt.

„Steuerung" – ein alter und neuer Begriff im Schulwesen[1]

Dass Fragen zur „Steuerung" der weiteren Entwicklung des Schulwesens im
Zentrum bildungspolitischer Überlegungen und Innovationsankündigungen stehen, ist eindeutig ein neues Phänomen der aktuellen Reformphase. Dennoch
haben in der jüngeren Geschichte der deutschsprachigen Schulsysteme seit dem
Zweiten Weltkrieg Steuerungsüberlegungen in verschiedener konzeptueller und
verbaler Gestalt ihre Konjunkturen erlebt (vgl. Schimank 2009; Berkemeyer
2009).
    Steuerungsvorstellungen schlugen sich in den 1960er Jahren im Begriff der
„Planung" nieder, der zuvor – wegen der „Systemkonkurrenz mit der Planwirt-

---

1 In diesem und dem folgenden Abschnitt werden Argumente aus Altrichter/Maag Merki (2010,
S. 5 f.) und Altrichter (2009) in gekürzter Version verwendet.

schaft" – auf der Ebene der öffentlichen Verwaltung verpönt gewesen war (vgl. Schimank 2009, S. 2). Auch unterstützt durch Initiativen der Organisation für wirtschaftliche Zusammenarbeit und Entwicklung (OECD) wurde – angesichts des quantitativen Ausbaus von Schul- und Hochschulsystemen – „Bildungsplanung" ein Gesichtspunkt staatlicher Politik. Bis Mitte der 1970er Jahre war diese geprägt durch einen „technokratisch motivierten Gestaltungsoptimismus" und die „Vorstellung einer primär etatistischen Gestaltung gesellschaftlicher Felder durch die Politik, mit der Ministerialbürokratie – nicht etwa dem Parlament – als zentralem Gestaltungssubjekt" (ebd., S. 2 ff.).

Mit der Zeit wurden die Schwächen plandeterminierter Bildungsreform deutlich: Je nach Perspektive war die Wissensbasis für die vorsorgliche Gestaltung des „Master-Plans" zu schmal oder die Akteure, die die Reformen umsetzen sollten, erwiesen sich als „unkooperativ", „unqualifiziert" oder auf andere Weise „widerständig". Jedenfalls stellten sich Bildungsreformen als „komplexe Konstellationen individueller und kooperativer Akteure mit je eigenen Interessen und Einflusspotenzialen" (ebd., S. 3) und als längerfristiges Unternehmen mit schwer vorhersagbaren Ergebnissen heraus. Oder wie Pressmann/Wildavsky (1973) eine Geschichte der Implementation eindringlich titelten: „How Great Expectations in Washington Are Dashed in Oakland" („Wie hohe Erwartungen aus Washington in Oakland zunichte gemacht werden" – gleichzeitig ein Hinweis auf die Bedeutung ökosystemischer Kontexte sowie auf den heute aktuellen Begriff der „lokalen Bildungslandschaften"; vgl. auch Bronfenbrenner 1981).

Enttäuschte Reformhoffnungen führten eine Zeit lang zu einem Erstarken planungs- und steuerungsskeptischer Ansätze in Sozialforschung und Bildungspolitik (vgl. Schimank 2006, S. 283). Jüngst – insbesondere seit dem PISA-Schock 2001 – hat aber der Druck auf Bildungspolitik und -verwaltung, rasch wirksame Schulreformen einzuleiten, deutlich zugenommen (vgl. Altrichter/Heinrich 2007). Der daraus entstandene Reformdiskurs wird mehr und mehr als ein „Steuerungsdiskurs" geführt: Seine Leitfrage lautet: Wie kann die Steuerungsstruktur des Schulwesens (die Art und Weise, wie seine Ordnung und seine Leistung zustande kommen und sich weiterentwickeln) rasch und zielgerichtet so verändert werden, dass qualitätsvolle Ergebnisse – und bessere Ergebnisse als bisher – ökonomisch erbracht werden können?

„Steuerung" konkret

Die Rede von der „Systemsteuerung" hat erstaunlich schnell einen zentralen Stellenwert in den Aussagen von Bildungspolitiker/innen und -forscher/innen eingenommen; wie auch jene der „Stellschrauben" oder „Eingriffshebel", an denen man manipulieren müsse, um Veränderungen an den verschiedensten Stellen des Systems zu erzielen. Wie geschieht jedoch – jenseits der anschaulichen, aber zu einfachen Bilder von „Stellschrauben" oder „Eingriffshebeln" – „Steuerung" konkret? Was sind ihre Leistungen, welche Fallen tun sich auf?

„Steuerungsinterviews"

Knoke und Hoffsommer (i. d. B.) haben mit Vertreter/innen des Ministeriums, der Schulaufsicht sowie mit einer Schulleitung Interviews über deren Rollenverständnis und ihre Erwartungen an andere Akteure geführt. Wiewohl darin natürlich auch einige Aspekte zum Ausdruck kommen, die mit der Spezifität der Handelnden und ihres jeweiligen Kontexts zusammenhängen, werden auch eine Anzahl von Charakteristika und Problemen deutlich, die offenbar Ansätze der Steuerung in Mehrebenensystemen häufiger begleiten.

1. *„Steuerung" ist nicht identisch mit „Top-down-Durchgriff"*: Zunächst zeigt sich deutlich, dass keiner der interviewten Akteure davon auszugehen scheint, dass reale Steuerung – wie oft zunächst mit dem Begriff assoziiert – als „Top-down-Durchgriff" von der ministeriellen Schulverwaltung auf die Einzelschule funktioniert (vgl. Knoke/Hoffsommer i. d. B.). Die rangniederen Akteure scheinen dafür zu viel „Eigenleben" zu haben. Sie fügen sich nicht bruchlos und voll in die Erwartung ranghöherer Akteure, tun Dinge, die sie nach Erwartung ihrer Systempartner nicht tun sollten, und andere nicht, die ihnen zugeschrieben werden.

2. *Partiell unterschiedliche Aufgabenwahrnehmungen*: Die Rollenselbst- und -fremdbeschreibungen – z. B. zwischen Schulamt und Ministerium (vgl. Knoke/Hoffsommer i. d. B.) oder zwischen Schulleitung und Schulamt (vgl. a. a. O., S. 23) – unterscheiden sich deutlich, sowohl in der Qualität der Tätigkeit (der Schulamtsleiter gesteht sich differenziertere und inhaltsreichere Funktionen zu als jene des Mittlers zwischen Einzelschule und Ministerium) als auch in Hinblick auf die primäre Tätigkeitsrichtung (nämlich in Richtung Schulen und als „Anwalt" der Schulen statt „Mittler").

3. *Unterschiedliche Problemwahrnehmungen*: Die Akteure haben auch positionsspezifisch unterschiedliche Wahrnehmungen dessen, was ein „drängendes Problem" ist: Für den Vertreter der Ministerialverwaltung ist das *reibungslose Angebot der unterrichtlichen Kernstunden ohne Unterrichtsausfall* ein anzustrebendes Qualitätsziel, weil es Elternproteste, die möglicherweise bis zum Minister dringen könnten, vermeiden hilft:

*„Und die Wahrnehmung bei Eltern ist, es fällt Regelunterricht weg, es
fällt jetzt wieder eine Stunde aus. Und dann schreiben sie wieder einen
Brief an den Minister."* (Ministerialvertreter, Knoke/Hoffsommer i. d. B.,
S. 22)[2]

*„Die Vertretungsstunden, die sie haben an den Schulen, werden ja
nicht irgendwo gestaffelt oder geparkt und gesammelt, sondern die werden
ja normal mit verplant [und zwar für Zusatzangebote wie] Arbeitsgemeinschaften, Teilungsunterricht, Förderunterricht."* (Ministerialvertreter, Kno-
ke/Hoffsommer i. d. B., S. 22)

Die Schulleiter/innen scheinen diese Ressourcen eher für *zusätzliche
unterrichtliche Angebote* zu verwenden. Dies passt gut zu ihrer Aufgaben-
selbstbeschreibung, für die Absicherung der pädagogischen Arbeit mit den
Schüler/innen sowie – in einem Umfeld, das durch sinkende Schülerzahlen
und Konkurrenz zwischen Schulen gekennzeichnet ist – die Absicherung
der Schule als Standort zuständig zu sein (vgl. Knoke/Hoffsommer i. d. B.,
S. 22 ff.):

*„..., um unsere Schule mindestens am Leben zu halten. ..., sondern wir
müssen ja jedes Jahr was Neues bieten, um sie attraktiv zu machen, damit
wir wieder neue Siebtklässler bekommen."* (Schulleitung, Knoke/Hoffsom-
mer i. d. B., S. 34)

Wenn die Schulleitungen mit ihrer Strategie erfolgreich sind, wenn nun
die Eltern „angebissen" haben und die zusätzlichen Angebote als wichtiges
Qualitätsmerkmal der Schule einschätzen, dann verstärkt sich das „Problem
des Ministerialvertreters", weil die Eltern den Ausfall der zusätzlichen Angebote als besonderen Verlust empfinden:

*„Das regt natürlich dann Eltern auf, die sagen, die Arbeitsgemein-
schaft fällt jetzt weg, das ist das, wo mein Kind immer Motivation hat, Erfolgserlebnisse erfährt."* (Ministerialvertreter, Knoke/Hoffsommer i. d. B.,
S. 22).

4.   *„Steuerung" drückt sich in der Handlungskoordination zwischen verschiedenen Akteuren aus:* Damit ein „Steuerungsimpuls" seine „Steuerungswir-
kung" entfalten könnte, müsste er von einem Systemakteur zum nächsten
gleichsam „weitergereicht" werden und von dessen Handeln (mit weiteren
„Systempartnern") aufgenommen werden. Die „Gesteuertheit"[3] eines Systems – gleichgültig, ob wir eher die Erhaltung eines *status quo* oder

---

2 Die folgenden Interviewpassagen sind einer Vorfassung von Knoke/Hoffsommer (i. d. B.) ent-
nommen.

3 Um Missverständnissen vorzubeugen: Hier wird nicht unterstellt, dass in diesem Sinne „gesteuerte"
Systeme in irgendeiner Hinsicht „besser" (z. B. effektiver, effizienter, demokratischer oder billiger)
als weniger gesteuerte Systeme sind.

Transformationsprozesse fokussieren – entsteht dadurch, dass Systempartner „Steuerungsimpulse" von anderen aufnehmen oder, anders ausgedrückt: dadurch, dass sie ihre Handlungen koordinieren.

Dieses Bewusstsein, dass die Handlungskoordination zwischen verschiedenen Akteuren bedeutsam, aber auch immer wieder prekär ist, drückt sich in den Interviews in den vielfachen *Klagen über mangelnde oder nicht wirksame Kommunikation* bzw. über die *nicht angemessene Nutzung möglicher Koordinationsinstrumente* aus:

- „*Das wird nicht vollzogen, also wir haben das Schwarz auf Weiß so geregelt und das wird so nicht vollzogen.*" (Ministerialvertreter, Knoke/Hoffsommer i. d. B., S. 27)
- „*Aber es ist unterm Strich, was ich festgestellt habe, in den meisten Fällen eine Frage der Kommunikation. Schulen sprechen nicht mit Eltern und Schulen sprechen nicht mit Schulen und es wird teilweise schlecht gehandelt, also gemanagt durch die Schulämter. Die sind kein richtiger Mittler – in beide Richtungen.*" (Ministerialvertreter, Knoke/Hoffsommer i. d. B., S. 23)
- „*Zielvereinbarungsgespräche mit Schulamtsleitungen gibt es nicht. Motivierende Rückmeldungen kommen nach schwierigen ‚Aktionen' schon vor. Nicht wahrgenommen werden Anstrengungen und Ergebnisse bei der Weiterentwicklung der Schulämter. Deshalb gibt es für diesen so wichtigen Bereich auch keine Rückmeldung. Zum Beispiel habe ich leitende Mitarbeiter des Ministeriums über unsere Ansätze zur Qualitätssicherung des Schulamtes nach dessen Verabschiedung informiert. Null Reaktion. Eine gezielte Fortbildung findet ebenfalls nicht statt. Das ist eigentlich auch logisch. Wenn man keine Vorstellung davon hat, in welche Richtung ein Mitarbeiter sich entwickeln könnte oder sollte, kann man auch keine zielgerichtete Fortbildung mit ihm vereinbaren.*" (Schulamtsleiter, Knoke/Hoffsommer i. d. B., S. 30)

Ein Bewusstsein der prekären Koordinationsverhältnisse kommt in den Interviews auch zum Ausdruck, wenn nach *Lösungsmöglichkeiten* für die genannten Probleme gefragt wird. Diese beinhalten jeweils die Vorschläge, die eigene Rolle zu stärken (z. B. Personalhoheit für die Schulleitung, vgl. Knoke/Hoffsommer i. d. B.; ebenso Schulrat), sowie die Forderung nach mehr Verantwortungsübernahme und Entscheidungsaktivität der anderen Akteure. So schwebt dem Ministerialvertreter eine bessere Koordination innerhalb unterer Systemebenen als Lösung des Problems von Unterrichtsausfall vor (vgl. Ministerialvertreter, vgl.

Knoke/Hoffsommer i. d. B.), während sich Schulleitung und Schulamt mehr Aktivität von Bildungspolitik und Ministerialverwaltung wünschen:

„Und das müsste im Ministerium in Angriff genommen werden, indem man dort sagt, ok, wir wollen diese Strukturen ändern." (Schulleitung, Knoke/Hoffsommer i. d. B., S. 33)

Neben diesen – sehr positionsbezogenen – Lösungsoptionen nennen alle Akteure – unterschiedlich – weitgehende Vorschläge, die auf eine Veränderung der Koordinationsverhältnisse zwischen den Schnittstellen im System hinauslaufen. Sowohl Schulleitung als auch Ministerialvertreter können sich vorstellen, die Ebene des Schulamts aufzulösen und autonome Entscheidungsmöglichkeiten der Einzelschulen zu stärken (vgl. Knoke/Hoffsommer i. d. B.). Der Schulrat wünscht sich eine veränderte Zusammenarbeit zwischen Ministerium, Schulamt und Schule:

„Vom Ministerium erwarte ich, dass wesentliche Aufgaben für Schulämter und Schulen ausreichend kommuniziert werden. Die Diskussion von Umsetzungsstrategien sollte der Normalfall sein. Dafür muss Zeit eingeräumt werden. Ministerien müssen mit Schulamtsleitungen im Sinne von Personalentwicklung arbeiten. Auch für Ministerien sollte die eigene Qualitätsentwicklung selbstverständlich werden. Von Schulleitungen erwarte ich, dass sie den im Prozess der Entwicklung zu mehr Selbstständigkeit größer werdenden Freiraum nutzen. Ich benötige die Akzeptanz der Schulleitungen für meine Freiräume und die damit verbundenen Grenzen." (Schulrat, Knoke/Hoffsommer i. d. B., S. 33)

Die Lösung des Problems des Unterrichtsausfalls liegt für den Ministerialvertreter in einer besseren Koordination innerhalb unterer Systemebenen: die Schulleiter/innen oder die regionale Schulverwaltung könnten sich *„an einen Tisch setzen"* (Ministerialvertreter, S. 26) und einen Vertretungspool organisieren: *„eine reine Organisationsfrage"* (Ministerialvertreter, Knoke/Hoffsommer i. d. B., S. 24). Die Schulleiter/innen täten dies aber nicht von sich aus, und *„die Entscheider"* (Ministerialvertreter, Knoke/Hoffsommer i. d. B., S. 25) – in diesem Fall das staatliche Schulamt – nähmen ihre diesbezügliche Verantwortung nicht wahr. Um selbst tätig zu werden und solche „Entscheidungen" des Schulamts anzuspornen, brauchte der Ministerialbeamte jedoch ein *„Freizeichen von meinen (übergeordneten) Entscheidern"* (Ministerialvertreter, Knoke/Hoffsommer i. d. B., S. 26). Er selbst konstatiert – allerdings mit Blickrichtung nach „oben" und nach „unten" – das Fehlen von „Entscheidungen" und von systemischen Anreizen dafür: *„Das ist das Problem. Wir haben Entscheider, die nicht entscheiden."* (Ministerialvertreter, Knoke/Hoffsommer i. d. B., S. 26)

Dies mag nun in vielen Fällen *auch* zutreffen, doch ist das „Problem Unterrichtsausfall" dadurch entstanden, dass die Schulleiter/innen sehr wohl entschieden, jedoch aufgrund einer anderen Problemwahrnehmung und nach Kriterien, die offenbar nicht mit jenen des Ministerialbeamten „koordiniert" waren, nämlich die Vertretungsressourcen für zusätzliche Angebote zu verwenden. So klingt in manchen Interviewpassagen durchaus an, dass die beschriebenen Koordinationsprobleme nicht unbedingt durch individuelles Versagen verursacht seien, sondern prinzipielleren, strukturellen Charakter haben (vgl. die Problemdiagnose der Schulleitungen, obwohl sie derzeit *„wieder einen guten Schulrat"* hätten; Knoke/Hoffsommer i. d. B., S. 38).

Beispiele gelungener Systemreformen

Handlungskoordination ist in komplexen Mehrebenensystemen „prekär", etwas, woran beständig gearbeitet werden muss, etwas, von dem uns viele Beispiele der Schwierigkeit und des Misslingens gewärtig sind, wie in den Interviewpassagen S. 124 ff. zum Ausdruck kam. Auf der anderen Seite enthalten Beispiele gelungener Reformen oft Hinweise darauf, dass die Etablierung von funktionierenden und inspirierenden Koordinationsformen einen wichtigen Baustein darstellt. Wir hatten vor einiger Zeit Gelegenheit, bei einer Tagung einige Fallbeispiele von – relativ breiten und nachhaltigen – Veränderungen im österreichischen Schulsystem zu analysieren. Dabei zeigte sich unter anderem:

- In den von uns untersuchten erfolgreichen Innovationen wurden an wichtigen Schnittstellen des Mehrebenensystems neue „Strukturen" geschaffen, die gerade die Aufgabe hatten, die wichtigen Akteure verschiedener Ebenen „zusammenzuhalten" sowie das weitere Praktizieren der Neuerung zu erleichtern und zu orientieren. So wurde im Projekt „Regionale Bildungsplanung Pinzgau" eine regelmäßige Arbeitsgruppenstruktur etabliert, die schließlich Leitfäden für verschiedene, wiederkehrende Fragen im regionalen Bildungswesen erstellte (vgl. Burmann 2009).
- Im Projekt „COOL (Cooperatives Offenes Lernen) in berufsbildenden Schulen" bildete sich ein Netzwerk von Absolvent/innen von Fortbildungslehrgängen. Dieses organisierte – mit einer finanziellen Unterstützung des Ministeriums – ein jährliches „Netzwerktreffen", welches half, die Entwicklung an den verschiedenen Standorten in ganz Österreich sichtbar zu machen und zu koordinieren, das aber auch zur Fortbildung und zur Planung weiterer Aktivitäten genutzt wurde. Im Zuge dieser Treffen wurde auch die Idee geboren, ein Zertifikat für COOL-Schulen zu schaffen, in

denen diese Lernformen mit bestimmten Prozessstandards und unter qualitätsvollen Rahmenbedingungen praktiziert wurden. Dieses Zertifikat wurde zu einem Instrument, durch das die Qualitätsmerkmale dieser Innovation innerhalb der Gruppe, an neue Interessent/innen, aber auch an die Leitungen der einzelnen Schulen kommuniziert werden konnten (vgl. Neuhauser/Wittwer 2009).

„Governance" als Analysekonzept für Steuerungsverhältnisse

Die Interviews mit verschiedenen Steuerungsakteuren von Knoke/Hoffsommer (i. d. B.) weisen auf einige Charakteristika des Steuerungsgeschehens in komplexen Mehrebenensystemen hin: „Steuerung" ist wohl kaum als geradliniger Vorgang des Durchsetzens von Steuerungsintentionen von oben nach unten zu verstehen, sondern setzt sich aus einer größeren Zahl von sozialen Prozessen zusammen, bei denen unterschiedliche Akteure auf verschiedenen Ebenen unter verschiedenen Handlungslogiken mitwirken.

Jedem, der sich mit Steuerungsfragen beschäftigt, wird bald klar, dass in diesem Feld viel Ideologie und wenig einigermaßen gut abgesichertes empirisches Wissen vorliegen. Dies zu ändern, ist das Anliegen der Governance-Forschung, einer in der Bildungsforschung relativ neuen Forschungsperspektive. Ich betrachte sie als einen Versuch, besser zu verstehen, was „Steuern von sozialen Systemen" heißen könnte, und von daher eine differenziertere Antwort auf die Fragen der Systemgestaltung zu geben, ohne in die Extrempositionen eines Steuerungsoptimismus oder eines Steuerungsdefätismus zu verfallen. Die Governance-Forschung untersucht das *Zustandekommen sozialer Ordnung („Regelungsstruktur") und sozialer Leistungen („Leistungsstruktur") unter der Perspektive der Handlungskoordination zwischen verschiedenen sozialen Akteuren in komplexen Mehrebenensystemen* (vgl. Altrichter/Brüsemeister/Heinrich 2005; Kussau/Brüsemeister 2007; Schimank 2007). Sie will nicht bestimmte Steuerungskonzepte, wie z. B. New Public Management oder evidenzbasierte Steuerung, propagieren, sondern die realen „Koordinationsverhältnisse" hinter verschiedenen Steuerungskonzepten analysieren und in ihren Bedingungen und Auswirkungen verstehen. In unserer analytischen Begriffsverwendung ist „Governance" daher kein Gegensatz zu demokratischen Verhältnissen, sondern ein Hilfsmittel zur Analyse, ob in Organisationen oder in gesellschaftlichen Subsystemen die Handlungsbeiträge verschiedener Akteure beispielsweise eher „hierarchisch", eher durch „einseitige Beeinflussung" oder „zweiseitige Verhandlung" koordiniert werden. Dadurch wird hoffentlich auch der Blick für Alternativen zu traditionellen Steuerungskonstellationen frei.

Typische Blickrichtungen, die nach Vorstellungen der Governance-Forschung bei der Analyse komplexer Steuerungsverhältnisse helfen sollen, sind u. a. (vgl. Altrichter/Maag Merki 2010, S. 22 ff.):

1. *Mehrzahl von Akteuren in „Akteurskonstellationen"* vs. *„Regierende" mit unilateraler Einflussrichtung*: Der Terminus „Governance" will zunächst einmal davon wegbringen, Umstände und Entwicklungen durch unilaterale Maßnahmen verursacht zu sehen. An der Systemgestaltung wirken mehr Akteure als die „Regierenden" und ihre Planungs- und Verwaltungsstäbe mit. Damit Innovationen im Schulalltag spürbar werden, müssen Lehrpersonen und Schulleitungen Innovationsideen aufgreifen und in Handlungen und Organisationsarrangements übersetzen; müssen unter anderem und nicht zuletzt Schüler/innen die Neuerungen verstehen und ihr Handeln partiell umstellen (und brauchen dafür vielleicht eine gewisse Hilfe oder zumindest Verständnis bei den Eltern); müssen verschiedene Vermittlungsinstitutionen, wie Schulaufsicht, Fortbildungseinrichtungen, Schulbuchverlage usw. Unterstützung anbieten.

2. *Handlungskoordination vs. Regieren oder Steuerungshandeln*: Uns erscheint etwas als „gesteuerte Entwicklung", wenn die für ein System charakteristischen Akteure ihre Handlungen „koordinieren". Mit einem nicht-wertenden Begriff von „Koordination" werden in der Governance-Perspektive die Art und Funktionalität des Zusammenwirkens der verschiedenen Akteure analysiert, ohne vorauszusetzen, wer „steuert" und wer höchstens als „Widerstandsfaktor" einzukalkulieren ist. Um „Steuerungsvorgänge" z. B. in Reformprozessen zu verstehen, fragen wir also, welche Akteure wie genau mit welchen anderen Akteuren zusammen (oder gegeneinander) wirken, damit eine (abgestimmte, „gesteuerte") Entwicklung entsteht. Dabei kommen typische „Handlungslogiken" der Akteure (z. B. „Beobachtung" anderer Schulen in der „Wettbewerbs"-Situation von Schulprofilierungsprozessen) ebenso wie „Strukturen und Instrumente", auf die sie sich stützen (z. B. Erarbeitung eines Schulprogramms, intensivierte Außendarstellung), in den Blick. Es können aber auch Diskrepanzen und Interferenzen in Systemen deutlich werden, z. B. dass von manchen Akteuren in Reformprogrammen Handlungen erwartet werden, für die ihnen kaum Handlungsressourcen zur Verfügung stehen (vgl. weiter unten das Beispiel der Bildungsstandards).

3. *Mehrebenensystem*: Ein weiteres Charakteristikum der Governance-Perspektive besteht darin, dass komplexe soziale Systeme, wie eben das Schulsystem, als Mehrebenenphänomene angesehen werden. Diese Bestimmung soll ins Bewusstsein heben, dass nicht alle Akteure mit allen an-

deren in gleicher Weise interagieren, sondern dass es typische Konstellationen von Akteuren gibt, typische „Schichten", auf denen eigene Handlungslogiken herrschen, die sich von jenen auf anderen „Schichten" unterscheiden können. Dadurch wird die Aufmerksamkeit auf „Schnittstellenprobleme", die sich aus den unterschiedlichen Handlungslogiken, Werthierarchien, „Sprachen" und Aufmerksamkeitsprioritäten der „Ebenen" ergeben, sowie auf Fragen *grenzüberschreitender Koordination* zwischen „Systemebenen" gelenkt. Gerade von diesem Aspekt, der entscheidend zur Komplexität von Steuerung im Schulsystem beiträgt, geben die Interviews von Knoke/Hoffmann (i. d. B.) einen sehr klaren und lebhaften Eindruck. Zwei weitere Merkmale schulischer Koordinationsverhältnisse, die mir wichtig sind, können jedoch durch die spezifische Anlage der Interviews nicht ersichtlich werden: Durch die Interviews mit Individuen, deren Aussagen für „Ebenen" stehen, könnte erstens aus dem Blick geraten, dass auch *innerhalb* der „Ebenen" (wie Ministerium, Schulamt und Schulleitung) Koordinationsaufgaben und -probleme auftreten können. Und zweitens: Koordinationsaufgaben und -probleme reichen *bis zur Unterrichtsebene*: Auch Unterricht ist eine Koordinationsaufgabe. Eine durchaus nicht triviale Aufgabe vieler Schulreformen besteht darin, das Umgehen zwischen Lehrpersonen und Schüler/innen sowie das Lernhandeln der Schüler/innen neu zu „koordinieren". Man kann sich dies beispielsweise an der Politik der Etablierung von Bildungsstandards auf allen Ebenen des Bildungssystems vor Augen führen. Erste Evaluationen der Pilotprojekte in Österreich hatten gezeigt, dass viele Lehrpersonen Bildungsstandards als „etwas Zusätzliches" zu ihrem sonstigen Unterricht empfanden und diese jedenfalls nicht für ihre Unterrichtsplanung verwendeten; noch weniger dienten Standards für Schüler/innen als Orientierungspunkt ihres Lernens (vgl. Altrichter 2008). Aktuelle Initiativen zur Förderung kompetenzorientierten Unterrichts sollen offenbar die Koordination zwischen dem neuen „Steuerungsinstrument Bildungsstandard" und den Lehrer- und Schülerhandlungen verbessern.

In den letzten Jahren haben sich mehr und mehr Forscher/innen der empirischen Erforschung von Steuerungsfragen zugewandt (vgl. die Zusammenfassung in Altrichter/Maag Merki 2010). Diese hat schon einiges über einzelne problematische Annahmen in verschiedenen Steuerungskonzepten zutage gebracht, ohne *das beste Steuerungskonzept* identifizieren zu können. Es gibt offenbar nicht nur einige wenige „Megafaktoren", die die Wirksamkeit von Schulsystemen entscheidend verändern können, sondern sehr viele, von uns bisher theoretisch nicht voll erfasste und empirisch nicht erhobene individuelle, schulische, systemische und kulturelle Merkmale, die in „Konfigurationen" auf unterschiedliche Weise zusammenwirken. Daher kommt es auch, dass „die gleichen Variablen in verschiedenen Ländern eine ganz unterschiedliche Bedeutung" (Schümer/Weiß 2008, S. 22) haben können: „Die internationalen Leistungsvergleiche haben gezeigt, dass sehr *unterschiedliche Konfigurationen* zu *sehr guten Ergebnissen* führen können, etwa jene in Asien oder in skandinavischen Ländern. ‚Die' beste Konfiguration ist somit schwer auszumachen. Erfolgreicher dürfte schon die Suche nach spezifischen Fehlkonfigurationen und nach strategischen Schwachstellen sein ..." (Fend 2008, S. 114).

Literatur

Altrichter, Herbert (2008): Veränderungen der Systemsteuerung im Schulwesen durch die Implementation einer Politik der Bildungsstandards. In: Brüsemeister, Thomas/Eubel, Klaus-Dieter (Hrsg.): Evaluation, Wissen und Nichtwissen. Wiesbaden, S. 75-115.

Altrichter, Herbert (2009): Governance – Schulreform als Handlungskoordination. In: Die Deutsche Schule, 101. Jg., H. 3, S. 239-251.

Altrichter, Herbert/Brüsemeister, Thomas/Heinrich, Martin (2005): Merkmale und Fragen einer Governance-Reform am Beispiel des österreichischen Schulwesens. Österreichische Zeitschrift für Soziologie, 30. Jg., H. 4, S. 6-28.

Altrichter, Herbert/Heinrich, Martin (2007). Kategorien der Governance-Analyse und Transformationen der Systemsteuerung in Österreich. In: Altrichter, Herbert/Brüsemeister, Thomas/Wissinger, Jochen (Hrsg.): Educational Governance – Handlungskoordination und Steuerung im Bildungssystem. Wiesbaden, S. 55-103.

Altrichter, Herbert/Maag Merki, Katharina (2010) (Hrsg.): Handbuch Neue Steuerung im Schulsystem. Wiesbaden.

Berkemeyer, Nils (2009): Die Steuerung des Schulsystems. Theoretische und praktische Explorationen. Wiesbaden.

Brand, Ulrich (2004): Governance. In: Bröckling, Ulrich/Krasmann, Susanne/Lemke, Thomas (Hrsg.): Glossar der Gegenwart. Frankfurt/M., S. 111-117.

Bronfenbrenner, Urie (1981): Die Ökologie der menschlichen Entwicklung. Hrsgg. und mit einem Vorwort von Kurt Lüscher. Stuttgart.

Burmann, Klaus (2009): Regionale Bildungsplanung Pinzgau. Vortrag auf der Tagung „Wie entsteht Neues im Bildungssystem und wie setzt es sich durch?". Linz, 4. – 5. Juni 2009.

Fend, Helmut (2008): Schule gestalten. Systemsteuerung, Schulentwicklung und Unterrichtsqualität. Wiesbaden.

Kussau, Jürgen/Brüsemeister, Thomas (2007): Educational Governance: Analyse der Handlungskoordination im Mehrebenensystem der Schule. In: Altrichter, Herbert/Brüsemeister, Thomas/Wissinger, Jochen (Hrsg.): Educational Governance. Wiesbaden, S. 15-54.

Neuhauser, Georg/Wittwer, Helga (2009): Die Verbreitung von neuen Lernformen im berufsbildenden Schulwesen: Cooperatives Offenes Lernen. Vortrag auf der Tagung „Wie entsteht Neues im Bildungssystem und wie setzt es sich durch?". Linz, 4. – 5. Juni 2009.

Pressmann, Jeffrey L./Wildavsky, Aaron (1973): Implementation. How Great Expectations in Washington Are Dashed in Oakland. Oakland Project Series: Berkeley.

Schimank, Uwe (2006): Teilsystemische Autonomie und politische Gesellschaftssteuerung. Wiesbaden.

Schimank, Uwe (2007): Die Governance-Perspektive: Analytisches Potenzial und anstehende konzeptionelle Fragen. In: Altrichter, Herbert/Brüsemeister, Thomas/Wissinger, Jochen (Hrsg.): Educational Governance. Wiesbaden, S. 231-260 (zit. nach dem Ms.).

Schimank, Uwe (2009): Planung – Steuerung – Governance: Metamorphosen politischer Gesellschaftsgestaltung. In: Die deutsche Schule, 101. Jg., H. 3, S. 231-239 (zit. nach dem Ms.).

Schümer, Gundel/Weiß, Manfred (2008): Bildungsökonomie und Qualität der Schulbildung. Kommentar zur bildungsökonomischen Auswertung von Daten aus internationalen Schulleistungsstudien. Gewerkschaft Erziehung und Wissenschaft (Hrsg.), Frankfurt/M.

Wo ist hier ein System – und, wenn ja, warum?

Sabine Knauer

Als ich mich mit den Beiträgen zu diesem Buch befasste, drängte sich mir – zunächst unterschwellig, dann aber immer deutlicher und unausweichlicher – ein Fragenkomplex auf, der mich, genau genommen, auf die eine oder andere Weise schon seit etlichen Jahren begleitet: *Das* Bildungssystem – existiert es als solches überhaupt, wer und was zählt dazu, wie greifen seine Bestandteile ineinander, wie kommunizieren, interagieren sie miteinander – kurz: Wie funktioniert das? Würden die hier vorliegenden Beispiele und Reflexionen mein Verstehen befördern, meine Fragen beantworten?

Um es vorweg zu nehmen: Schlüssige Antworten, die als Grundlage einer systemischen Rekonstruktion dienen und damit spezifische Regelkreisläufe systematisch vorhersagbar, somit auch veränderbar machen könnten, habe ich darin nicht finden und auch selbst nicht erfinden können. Gleichwohl haben mich die Autorinnen und Autoren ein gutes Stück weiter gebracht auf dem Weg zu belastbaren Erkenntnissen. Oder, sagen wir es so: Sie haben implizite Fragen in explizite verwandelt, haben sie bewusster, benennbarer, greifbarer, berechtigter gemacht.

Die Beiträge belegen aus ihrem jeweiligen Blickwinkel, dass Einzelne, die in ihrem Umfeld in die Verantwortung gehen und die Initiative ergreifen, Veränderung bewirken können. Das heißt, das vielbeschworene „System" mit seinen oftmals als widrig empfundenen Vor-Ort-Bedingungen muss nicht erst überwunden und abgeschafft werden, um Verbesserungen einzuläuten und umzusetzen. Die Beispiele gelungener, situationsadäquater Interventionen zeigen vor allem auch, dass es nicht unbedingt der große Wurf, die ganze Lösung sein muss, sondern dass kleinere Bewegungen oft die wirksameren Wellen zu schlagen vermögen. Möglicherweise bemessen sie überhaupt die einzig wirklichen Spielräume (vgl. u., S. 145).

Das System als Komplize des „inneren Schweinehunds"

Ausschlaggebend scheint ein Paradigmenwechsel zu sein: Wenn Pädagogen, denen der Ruf des Längstschon- und Besserwissertums vorauseilt, eine offene Fragehaltung gegenüber den Erscheinungen in ihrem Umfeld einnehmen können, gelangen sie zu überraschenden Antworten und Problemlösungen. Diese Beobachtung wird komplementär ergänzt von den Erfahrungen Rainer Zechs (1999 ff.) als Berater einer Reformschule. Dort stand sich das Kollegium in seinen Anstrengungen um Innovationen stets selbst im Wege, weil im Selbstverständnis des Kollegiums „das System" und „die Hierarchie" durch ihr schlichtes Vorhandensein fortschrittliche Prozesse per se verunmöglichten; die Schule war dadurch in ein unlösbares Paradoxon geraten: Als Reformschule musste sie die permanente Erneuerung wählen, deren Verwirklichung ihr gleichzeitig aus ideologischen Gründen versagt bleiben musste.

Wer „das System" zum übermächtigen Widersacher und Verhinderer erklärt, kann ohne seine Abschaffung keine Wirkung entfalten, so die zwangsläufige Schlussfolgerung, und legitimiert mit dem Hinweis auf „das System" die eigene Tatenlosigkeit. Ein solcher, abstrakter Gegner ist unschlagbar und verhindert synergetische, sachbezogene Partnerschaften über System- und Hierarchieebenen hinweg (vgl. Zech 1999, S. 79).

Um die Betrachtung unseres Bildungssystems ein wenig zu systematisieren, sei zunächst die Frage nach dessen Elementen gestellt. Drei seiner Teilmengen (oder „Subsysteme") sind in diesem Buch repräsentiert:

- die Schulen, deren Kerngeschäft die Bildung (und Erziehung) junger Menschen ist;
- die Schulaufsicht, die für die Einhaltung von Prinzipien und Vorschriften steht;
- die Ministerien, die mit ihrer Richtlinienkompetenz die Marschroute festlegen.

Doch sind mit ihnen keineswegs erschöpfend alle maßgeblichen Faktoren erfasst. Zwar mögen „Schulen" stellvertretend auch für andere Bildungseinrichtungen überschaubarer Größenordnung, wie beispielsweise Kindergärten und Kitas, stehen, doch greift bei letzteren die Orientierungs- und Richtlinienkompetenz der Administration nicht annähernd vergleichbar regulierend ein.

Deutlich komplizierter verhält es sich mit den Hochschulen und in besonderer Form mit den an ihnen angesiedelten humanwissenschaftlichen Disziplinen. Zum ersten Teilaspekt: Zwar sind die Bildungsangebote inhaltlich, strukturell und in ihren Formaten übergreifenden Standards verpflichtet („Bologna-Prozess"), doch erzwingt die Doktrin von der „Freiheit der Lehre" geradezu eine nicht zu kontrollierende Vielgestaltigkeit.

Die Hochschulen: Doppelhelix des Bildungssystems

In unserem Kontext systemisch bedeutsamer scheint der zweitgenannte Aspekt zu sein: die Rolle der Humanwissenschaften im Hinblick auf die Gestaltung des Bildungswesens. Wo und wie finden Erkenntnisse aus Pädagogik und Psychologie Eingang in die konkrete Umsetzung von Bildungsangeboten sowie die Ausgestaltung von Bildungsstätten? Inwiefern stellen Wissenschaft und Wissenschaftlichkeit Bestimmungsgrößen für strukturelle und regulative Entscheidungen im Bildungssystem dar?

Am ehesten wäre hier ein Bezug zu erwarten von Seiten der politischen Programmatiker und Entscheidungsträger. Rekurrieren ihre Grundsatzentscheidungen auf den Stand der Forschung? Sind zu Wahlen ausgerufene Bildungsprogrammatiken auf den wissenschaftlichen Erkenntnisstand ausgerichtet und wird versucht, die Wähler von ihrer Plausibilität zu überzeugen? Oder geht es da ein wenig mehr um die Gunst der jeweiligen Zielgruppe und deren ideologische Ausrichtung? Und an welchen Verbindlichkeiten, „Sachzwängen" orientiert sich die politische Pragmatik im Alltag? Beeinflussen doch schließlich die Vorgaben des Finanzressorts nicht ganz unerheblich die Umsetzbarkeit von Vorstellungen und Versprechungen, wenngleich dies eher selten bzw. lieber beschönigend thematisiert wird, um keinen Gesichtsverlust zu riskieren.

Dem verwunderten Betrachter vermittelt sich der Eindruck, als nähre die Politik zwar die Hochschulen als Elite- und somit Renommieranstalten des Bildungswesens, nehme sie hingegen – von konkreten und begrenzten Auftragsprojekten abgesehen – kaum in ihren Dienst bzw. verzichte weitgehend auf eine Wertschöpfung für die Entwürfe von Bildungsprogrammatiken. Oder beruft sie sich auf wissenschaftliche Erkenntnisse lediglich dann, wenn diese in Übereinstimmung mit eigenen politischen Positionen stehen? „Ob eine solche Politik nach Gutsherrenart wenigstens nebenbei noch eine emanzipative Gesellschaft anstrebt, kann bezweifelt werden." (Langer 2008, S. 66)

Eine weitere „Sollbruchstelle" im Bildungssystem verläuft an der Naht zwischen Hochschulen und Schulen. Wenn junge Lehrkräfte beim Wechsel vom Lernort Universität zum Lehrort Schule regelmäßig einen „Praxisschock" erleiden, macht ihnen offensichtlich weniger der Rollenwechsel zu schaffen, als fehlende Passung und Anschlussfähigkeit zwischen beiden Institutionen.

Der „Praxisschock" könnte allerdings auch auf etwas anderes hinweisen – und die angehenden Lehrkräfte wären dann lediglich die Symptomträger. Es ist immerhin vorstellbar, dass Theorie und Praxis ohnehin nicht zusammenfinden, weil die erziehungswissenschaftliche Ausbildung gar nicht die der Schulwirklichkeit entsprechende Theorie liefert – als wolle man mit der Agrarwissenschaft die Probleme der Verkehrsstaus lösen. Die Disziplin „Schulwissenschaft" ist innerhalb der erziehungswissenschaftlichen Fakultäten nur in Einzelfällen anzutreffen und richtet sich dann auch zumeist auf die Pädagogik des Grundschulalters. Einiges spricht für die Vermutung, dass die Bildungssteuerung hierin durchaus einen Nutzen erkennen kann, beispielsweise hinsichtlich der Durchführung der PISA-Studien (vgl. Langer 2008).

Wir haben es also – recht offensichtlich – weniger mit einem Theorie-Praxis-Transfer-Problem zu tun. Vielmehr mangelt es an einer die Schulpraxis analysierenden und antizipierenden Theorie sowie entsprechenden methodischen Formenkreisen und deren Vermittlung; ein bis zwei Praktika, deren Verlauf und Aufbereitung sich zudem nicht unbedingt durch systematischen Aufbau und Vergleichbarkeit auszeichnen, vermögen diese Lücke nicht ansatzweise zu schließen. Was wir benötigen, ist eine theoriegeleitete und praxisorientierte Schulwissenschaft und Lehrerbildung. Sie wären mehr als nützlich für eine rationale und an wissenschaftlich fundierten Positionen orientierte Reflexion und Entwicklung der Schulpraxis.

Mit der Uneindeutigkeit ihres Auftrages und daraus resultierenden widersprüchlichen Handlungsoptionen können die Hochschulen geradezu als Paradebeispiel für die Disparatheit des gesamten Bildungssystems und seiner Subsysteme stehen. Wechselseitige Bezugnahmen lassen sich vielfach nur schwer auffinden.

Schule im Zentrum

Das vorliegende Buch dreht sich vor allen Dingen um die Frage, wie in Schulen innovative Bewegungen begünstigt, in Gang gesetzt und am Laufen gehalten werden können. Da ist es angesichts der Unübersichtlichkeit des gesamten Bildungssystems naheliegend und berechtigt, den Blick auf das Subsystem Schule zu verengen bzw. Schulen zum Zentrum eines systemischen Blicks zu wählen und von hier aus in konstruktivistischer Absicht nach *innen* und nach *außen* in die Runde zu schauen.

Der Blick der Schulen nach innen

geht selbstreflexiv und selbstkritisch auf die Suche nach den Bestimmungsgrößen des eigenen Handelns:

- Welches pädagogische Ethos, welches Menschenbild, welche Zielstellungen liegen dem Alltagshandeln zugrunde?

- Sind die Routinen, die Methoden, die Strukturierungen, Rhythmisierungen ... ihnen angemessen?
- Ist die Koordinierung der Arbeitsprozesse abgestimmt auf den Anspruch auf kommunikativen Austausch?
- Und immer wieder: Kommen die Subjekte des Lernens, die Schülerinnen und Schüler, darin vor, sind sie ausreichend repräsentiert, werden sie als aktive Mitspieler wahr- und ernst genommen?

Neben der Profilbildung einer Schule und deren Steuerung im eher technisch-methodischen Sinne geht es hier vor allem um demokratische Tugenden wie Transparenz und Eigenverantwortlichkeit, Durchlässigkeit.

Wenn nämlich maßgebliche und entscheidungsbefugte Akteursgruppen in oberen Hierarchieebenen (Schulleitung, Steuergruppe ...) angesiedelt und hermetisch abgeriegelt sind, wenn die vorherrschenden Kommunikationsmuster Rapport nach oben und Dekret nach unten sind, drängt sich der Verdacht auf, einem direktiven Leitungsverhalten solle ein demokratischer Anstrich verliehen werden. Das aber wäre fatal. Verdeckte und verleugnete Machtverhältnisse gestatten und ermöglichen weniger noch als autokratische und autoritative Top-down-Strukturen Auflehnung und Widerspruch. Personen als Subjekte zu benennen, sie aber als Objekte zu funktionalisieren, ist manipulativer Missbrauch der Menschen und der gültigen Moral. Im Hinblick auf Kinder und Jugendliche wurden diese Mechanismen beschrieben als „schwarze Pädagogik" (vgl. Miller 1981, z. B. S. 21) und „heimlicher Lehrplan" (Zinnecker 1975), Gültigkeit besitzen sie nicht weniger im Verhältnis zwischen Erwachsenen, zumal wenn Weisungsbefugnisse und Abhängigkeiten im Spiel sind.

Es mag verlockend erscheinen, sich dieser Mechanismen zu bedienen, um die eigene Schule in ein glänzendes Licht zu rücken. Und es mögen sich durchaus auch kurzfristige, vordergründige Erfolge einstellen, beispielsweise in Form von Leistungssteigerungen und erhöhten Versetzungs- und Abschlussquoten. Eine nachhaltige, tragfähige, demokratische Veränderung kann über diesen Weg indes nicht eingeläutet werden.

Welche sind demgegenüber die Merkmale, die strukturell gelingende Reformprozesse an Schulen ausmachen – bei aller ihrer Unterschiedlichkeit?

Der Beitrag von Knoke (i. d. B.) bestimmt am Beispiel des Programms „prima(r)forscher" unter Bezug auf Strittmatter (2001) das Zusammenwirken von „Müssen", „Wollen" und „Können" als maßgebliche Gelingensfaktoren für schulische Entwicklungen. Diesem Ansatz ist aus systemtheoretischem Blickwinkel nur beizupflichten. Wenn Knoke das „Wollen" so ganz besonders ins Visier nimmt, kann dies zu der Vermutung veranlassen, dass hiermit gewissermaßen eine Initialzündung oder gar eine conditio sine qua non für Veränderung und Gestaltung aufzuspüren ist: „Das ‚Wollen' beschreibt den Umstand, dass Entwicklungen von den Pädagoginnen und Pädagogen selbst als erstrebenswert, notwendig und sinnvoll angesehen werden müssen ..." (Knoke i. d. B., S. 111) Gleichzeitig sind die Grenzen zum „Müssen" dort eher fließend, wo es um „weiche" Faktoren, wie „wahrgenommene Bedrohungen" und „Konflikte" (Knoke i. d. B., S. 111) geht, die – als solche von aktiven und reflektierten Personen erfahren – in eben jenes „Wollen" münden können. Welche Bedingungen stecken hinter einem „Müssen" und „Wollen", das die Kraft zu Veränderungen bewirkt – sei nun, wie im Falle von „prima(r)forscher", ein Anreiz von außen gesetzt oder „emergiere" (=auftauchen) der Anstoß zu neuen Herangehensweisen gewissermaßen von selbst aus den eigenen Arbeitszusammenhängen und deren Erfordernissen (vgl. Hopf/Weingarten 1984)?

Beim „Wollen" – in entschiedenem Gegensatz zum „Können" – handelt es sich um ganz individuelle, sehr subjektive Bedürfnisse, die in Lebens- und Erfahrungswelten verortet und angesiedelt sind; aus diesem Grunde entziehen sie sich großflächig der Antizipation, aber auch der Adaption von außen. Insofern sind sie Indikatoren der persönlichen Autonomie. Sie stellen somit letzte Gründe dar für die (mögliche) Widerständigkeit der Basis, der Schulen vor Ort, gegenüber ministeriellen und amtlichen, administrativen Top-down-Geboten. (Anordnungen, die missliche Empfindungen bis hin zu Empörung bei den „Befehlsempfängern" auslösen, die ja Erfüllungsträger sein sollen, werden allenfalls halbherzig umgesetzt, oftmals verschleiert unterlaufen: unter lähmender Verzögerung und Reduzierung auch anderer produktiver Aktivitäten. Sichtbar werden dann apathische Gleichgültigkeit oder offener Widerspruch. Wer sich zum Erfüllungsgehilfen degradiert und instrumentalisiert fühlt, entwickelt Sperrigkeitsphänomene.)

Wie indes kann das eigene „Wollen" zur Triebfeder von Veränderungsprozessen wachsen und als solche genutzt werden?

Zunächst muss überhaupt die *Subjekthaftigkeit* der Beteiligten als bestimmender Motivations- und Erfolgsfaktor erkannt und akzeptiert werden. Wenn die subjektive Befindlichkeit nicht länger als Störfaktor und Bedrohung betrachtet wird, sondern als Chance und Impulsgeber, können Veränderungen von hier aus gedacht und gemeinsam erwogen werden.

Angewendet auf erfolgreiche Schulentwicklung würden diese Überlegungen in Konsequenz bedeuten:

- Ausgangspunkt ist ein bedeutsam erscheinendes, *gemeinsames pädagogisches Thema* des Kollegiums (bspw. Umstrukturierung der zeitlichen Rhythmisierung);

- bezüglich dieses Themas bringen die Beteiligten *ein je eigenes Wollen* mit, das über den Weg des *gemeinsamen Wollens* in Handeln übersetzt wird;
- in dem je eigenen Wollen steckt ein subjekthaftes, biographisch geprägtes *eigenes Thema*, dessen Bewältigung die Balance von System und Person erlaubt oder zumindest in Aussicht stellt;
- Voraussetzung für das Emergieren der je eigenen Themen ist die *Offenheit der Prozesse und der Ergebnisse*;
- die Entdeckung des eigenen Themas vollzieht sich über eine *Selbstthematisierung* in der kommunikativen Reflexion der gemeinsamen Erfahrungen; dadurch wird Authentizität sichergestellt. (vgl. Knauer 2006, S. 252 f.)

Trotz besseren Wissens, trotz über fünfzigjähriger Geschichte der qualitativen und ökologischen Sozialforschung, trotz der philosophischen Verankerung des Subjektiven in den Erziehungswissenschaften und der Herausstellung der „Jemeinigkeit" (Braun 1992, S. 114) als letzte Instanz der pädagogischen Verantwortung und Verantwortlichkeit, wird dem subjektiven Faktor bis heute seine Bedeutung und Berechtigung streitig gemacht. In geradezu naiver Manier ist verbreitet von „Objektivität" die Rede – als habe es Konstruktivismus und Konstruktionismus nie gegeben. Doch der Begriff der „neuen Post-Standardisierungs-Ära", die dafür plädiert, die Erfahrungen von Lehrkräften für Regulierungsmaßnahmen im Schulwesen zu Rate zu ziehen (Dennis Shirley, vgl. Durdel i. d. B., S. 42), lässt hoffen und zugleich den Wunsch erkennen, dieser „neue" Anlauf möge nachhaltigere Auswirkungen erzielen als die bisherigen.

Im diesem Zusammenhang augenfällig, verweist Altrichter (i. d. B., S. 122) auf Bronfenbrenner (1976; 1981), den großen Vertreter einer ökologischen Sozialisationstheorie, nach dessen Auffassung eine Sache überhaupt erst verstanden werden kann, wenn man sie zu verändern versucht. Verstehen aber heißt subjektive Sinn- und Bedeutungszuschreibung, zumindest aber Anschlussfähigkeit!

Forschungsergebnisse belegen, dass erst und gerade diese individuelle und subjektive Sinn- und Bedeutungszuschreibung zu „objektiven Fakten" verantwortungsvolles Handeln veranlassen und ermöglichen.

Der Blick der Schulen nach außen

ins eigene Umfeld und auf die Umgebungsvariablen dient der Durchleuchtung der die eigenen Zielsetzungen unterstützenden oder behindernden Faktoren. Im Unterschied zu räsonierenden und resignierenden Positionen geht es im Falle subjektgeleiteter Schulentwicklung jedoch nicht darum, Verhinderer auszumachen und Schuldzuweisungen auszusprechen, sondern im Gegenteil, Möglichkeitsräume und Unterstützer für das eigene Entscheiden und Handeln auszuloten. Da kann mit einem Mal die ansonsten als dröge und langweilig wahrgenommene Beschäftigung mit schulrechtlichen Fragen und mit den Lehrplänen hochinteressant werden, nach dem Motto: Was nicht verboten ist, ist erlaubt! Wo sind dort gangbare Wege aufzuspüren oder können angelegt werden? Wie können vorgesetzte Behördenvertreter mit ins Boot geholt werden? Dazu ist es erforderlich, sich deren Sachzwänge und subjektive Befindlichkeiten zu vergegenwärtigen. Es ist doch leicht nachvollziehbar, dass ein Schulrat lieber die reformerischen Erfolge einer Schule in seinem Zuständigkeitsbereich hervorhebt, als sich mit Beschwerden, Anträgen und Forderungen von Schulen zu befassen, denen er mit seinen Möglichkeiten weder Abhilfe schaffen noch nachkommen kann. Wie formulierte es Enja Riegel, die ehemalige Schulleiterin der Helene-Lange-Gesamtschule in Wiesbaden im Interview? „Es gibt Entscheidungen, die darf man einem Schulrat nicht zumuten." Und dann entscheidet eben die Schule selbst, setzt sich unter Umständen ins Unrecht und der Rüge aus – ist aber erfolgreich, öffentlichkeitswirksam und daher kaum angreifbar.

Systemstrukturen können geschickt genutzt werden, wenn man ihre Logik und ihre Regeln kennt und den Akteuren Wertschätzung vermittelt, statt sie mit Fragen und Ansprüchen zu überfordern. Manche Fragen sind systemisch nicht vorgesehen und können daher von der nächst höheren Hierarchieebene (die ja ihre Autorität untergraben würde, wenn sie eingestünde, dass sie keine Antwort kennt) nur abschlägig beantwortet werden.

Im Beitrag von Knoke/Hoffsommer wird uns demgegenüber die in der Schule und dem Bildungswesen verbreitete „anthropologische und anthropozentristische" (Zech 1999) Sichtweise vor Augen geführt. Die Akteure eines Systemsegments werfen dem anderen Systemsegment und dessen Vertretern vor, Bewegung zu behindern. Das geht bis zum Plädoyer für eine Abschaffung einzelner Ebenen, die für überflüssig und hinderlich gehalten werden (vgl. Knoke/Hoffsommer S. 27, 35 f.; Hochschild i. d. B., S. 56). So bleibt es vermeintlich abhängig vom Wohlwollen und der Einsicht, sprich: der Willkür, beispielsweise eines Schulrates, ob Erneuerungen stattgegeben wird oder nicht; eigentlich verbirgt sich hinter dieser Haltung aber die bereits erwähnte Zurückhaltung gegenüber eigener Verantwortungsübernahme und eigenem Handeln –

jedoch unter Verweis auf andere „Schuldige". Bemerkenswert erscheint doch, dass kaum jemand die Schwächen – und auch Potenziale, die über Absichtserklärungen hinausgehen – bei sich selbst sucht. Alle weisen nur auf die Schwächen der anderen hin. Sie argumentieren struktur- und systemimmanent, ohne zu bedenken, dass

- das Problem nicht durch die Struktur selbst geschaffen wurde und daher auch nicht einfach verschwindet, wenn die Struktur verändert wird
- sie selbst auch Teil des Systems sind und somit – wenngleich möglicherweise auch durch widerständisches Handeln und damit unfreiwillig – zur Stabilisierung (durch Ausbalancierung, „Equilibrierung") des Systems beitragen (s. u. zur Funktionslogik von Systemen, S. 143).

Es gilt, die „Falten der Institution" (Holzkamp 1991, S. 15) systematisch zu (durch-)suchen und von hieraus sich in und mit der Schule „expansiv" (ebda.) auseinanderzusetzen und darüber zu entwickeln. Die in neueren Überlegungen um eine zeitgemäße Schule, besonders im Zusammenhang mit ganztägigen Schulen, diskutierten Entwicklungsfelder wie lokale Bildungslandschaften, Öffentlichkeitsarbeit und – nach innen – Partizipation (vgl. Deutsche Kinder- und Jugendstiftung 2007, 2008 a, b) verweisen auf die Notwendigkeit, Schule nicht mehr als Insel zu betrachten und zu gestalten, sondern Beteiligte und weitere Partner einzubeziehen und miteinander zu vernetzen.

Ein System ist ein System ist ein System

Wenn es stimmt, wie Marion Dönhoff es uns vermacht hat, dass kein System von selbst veranlasst, dass etwas in Ordnung kommt, sondern es die Menschen sind, die das bewirken müssen (vgl. Durdel i. d. B., S. 41), dann stimmt es auch umgekehrt: Kein Mensch allein kann etwas in Ordnung bringen, er bedarf der verlässlichen, organisierten, strukturierten Unterstützung durch andere Menschen und der wechselseitigen Bezugnahme: eines Systems. Wir müssen unsere Systeme in Ordnung bringen. Wenn sie nicht gut funktionieren, so muss man systemisch nach den Ursachen, nach dem Nutzen fragen. Es muss einen Nutzen geben, und mag er noch so widersinnig erscheinen, dass sie so funktionieren, wie sie es tun. Und man muss dann entscheiden, ob dieser Nutzen der Sache, der erwünschten Zielsetzung dienlich oder abträglich ist, d. h. ob ein Änderungsbedarf besteht oder nicht.

Warum gelangen beispielsweise erfolgreiche Modellprojekte nicht zum Durchbruch? Warum soll das Rad immer wieder neu erfunden werden? Warum werden Wissensbestände, Erkenntnisse und Erfahrungen nicht aufgegriffen, in die Breite getragen und weiter entwickelt? Nicht selten werden Modellprojekte von ihren Auftraggebern in der Bildungsadministration hoch gelobt, die Evaluation attestiert ihnen außerordentliche Qualität – verstetigt und in die Breite getragen werden sie nicht, entsprechende Bedarfe werden mit einem bedauernden Schulterzucken „keine passenden Finanztöpfe" kommentiert. In dieser wie ähnlichen Argumentationsweisen (sie erinnern an die von Lehrkräften angeführten Gründe für die Nicht-Veränderung ihres Unterrichts: „kein Platz", „kein Geld", „keine Zeit" ...), vermute ich Ausflüchte. Ihnen wohnt die Angst vor Auseinandersetzung mit und Veränderung von Bestehendem inne, vertreten nicht von Vorschriften, Institutionen, „der Gesellschaft" oder „Systemen", sondern vor Ort immer von konkreten Personen – die Furcht vor Unannehmlichkeiten. Möglicherweise leisten gerade zeitlich begrenzte Modellprojekte im Schulwesen den doppelten Effekt, Experimentierfreude und Offenheit zu demonstrieren, gefährlich erscheinende Flächenbrände aber zu kontrollieren. Dann bestünde der Nutzen vor allem darin, innovationsfreudig zu erscheinen, ohne tiefgreifende und nachhaltige Veränderungen vornehmen zu müssen. Könnte Dönhoff das meinen, wenn sie schreibt: „Und unsere Menschen haben immerfort Angst." (Durdel i. d. B., S. 41)? Hans-Olaf Henkel prägte – bezogen auf politische Entscheidungsprozeduren – den Begriff der„Organisierten Verantwortungslosigkeit" als Leitmotiv, flankiert von Hauruck-Verfahren, die an Putsche gemahnen (Hans Olaf Henkel zur Rolle der politischen und administrativen Einrichtungen in der Bundesrepublik am 01.06.2010 in der ARD bei „Menschen bei Maischberger"). Nach stabil verankerten und zuverlässigen demokratischen Regelkreisläufen klingt das nicht unbedingt.

Gefragt ist persönliche Verantwortungsübernahme innerhalb demokratischer Systeme. Menschen, die sich selbst und andere wahr- und für wahr nehmen, erkennen ihr *eigenes Thema* als Entwicklungsaufgabe. Diese Erkenntnis ist Voraussetzung für eine authentische Kommunikation. Denn nur, wenn mehrere Menschen mit ihrem jeweilig eigenen Thema ein *gemeinsames Thema* finden können, gelangen sie über authentische Kommunikation zu gemeinsamem, zielgerichtetem Handeln, welches Synergien über Hierarchien und Systemebenen hinweg ermöglicht (s. o.).

Ein nicht unwesentlicher Effekt besteht auch darin, dass Lehrkräfte, die zu ihrer authentischen Subjekthaftigkeit gefunden haben, diese auch ihren Schülerinnen und Schülern zugestehen können, ohne Verlustängste vor Autoritätsschwund zu erleiden. Schulentwicklung beginnt mit und lebt mithin von der authentischen Subjekthaftigkeit der Lehrkräfte bzw. des gesamten Personals. Weshalb erfahren innovative, engagierte und motivierte Lehrkräfte häufig zu wenig Unterstützung, so dass sie schließlich ausgebrannt aufgeben? Wen kann es wundern, wenn sie nicht mehr bereit sind, auf jeden neuen Zug aufzuspringen?

An Schulen, die beständig an ihrer Entwicklung und Erneuerung arbeiten, sind nachweislich die Motivationslage der Mitarbeiter besser, der Krankenstand niedriger (vgl. z. B. Malsch 2005) und die Schülerinnen und Schüler schneiden in Vergleichsstudien erfolgreicher ab (vgl. Mohr 2002).

Im Beitrag von Knoke/Hoffsommer und bei Durdel (beide i. d. B.) geht es um Verantwortungsübernahme seitens der Entscheidungsträger an Schaltstellen des Bildungswesens. Die Bilanz ist eher ernüchternd. Eigene Entscheidungen und Verantwortungsübernahme zählen nicht zu den gängigen Rollenbeschreibungen der maßgeblichen Akteure. Und doch sind sie Schlüsselbegriffe zu einer rational geleiteten Schulentwicklung.

Ganz sicherlich muss man beim Nachdenken über Systeme auch deren „Eigenleben" und die damit verbundenen Risiken bedenken. Allzu leicht jedoch werden die Haltungen „systemkonform" und „systemkritisch" als gegebene Positionen polarisiert. Eine solche, dichotome Beschreibung wird weder dem Wesen von Systemen noch den in ihnen handelnden Individuen gerecht. Sie vereinfacht den Systemgedanken und reduziert ihn auf ein Pro und Kontra, das es so gar nicht geben kann.

Zwar tendieren (von Menschen geschaffene) Systeme – abgekoppelt von ihren Aufgaben – dazu, sich selbst zu erhalten, fortzubestehen und sich zu verselbstständigen („Autopoiesis" – Luhmann; Parkinson'sches Gesetz). Zugleich existieren sie ja aber nicht einfach aus sich selbst heraus und bestehen fort, als seien sie natürliche Wesen. Sie besitzen weder Allgemeingütigkeits- noch Absolutheitscharakter. Immer sind es Menschen, Individuen, die Systeme erfinden, nutzen, erhalten, verwerfen, überwinden … Infolgedessen sind Systeme auch keine stabilen Entitäten aus „einem Guss". Ebenso wenig lassen sich einzelne Systeme, Subsysteme und Ebenen trennscharf voneinander abgrenzen – allenfalls künstlich für den akademischen Diskurs.

Weil es Menschen sind, die in und mit Systemen kommunizieren und handeln, und weil Menschen individuelle Motive verfolgen, die in ihren biografischen Voraussetzungen wurzeln, sind durch das Aufeinandertreffen unterschiedlicher Menschen in Systemen zwangsläufig unterschiedliche Positionen bis hin zu Widersprüchen (vgl. Altrichter i. d. B., S. 123) vertreten, die in offene Konflikte münden können. Systeme halten derartige Strapazen bis zu einem gewissen Maße aus, ja sind geradezu – im Gegensatz zum Individuum – dadurch gekennzeichnet, dass sie Gegensätze abfedern und auffangen können. Darin nämlich liegt eine ihrer prinzipiellen Bedeutungen: Stabilität und Kontinuität der gesellschaftlichen Konstrukte zu gewährleisten. Systeme haben jedoch auch Grenzen der Belastbarkeit: „Der Strukturaufbau sozialer Systeme ist auf diese Begrenzung von Irritationsmöglichkeiten angewiesen. Strukturen brechen zusammen oder fangen zumindest an zu ‚schlingern', wenn die Irritationen ein bestimmtes Maß überschreiten ..." (Fuchs 2002, S. 3) Um aber immanenten Antagonismen gewachsen zu sein, funktionieren tragfähige Systeme nicht eindimensional, linear, nach einer einwertigen Logik. Sie sind vielmehr elastisch und flexibel und sichern durch Komplexität geradezu ihren Bestand; diese Vielseitigkeit äußert sich vor allem darin, auch unvereinbare Haltungen zu integrieren, ohne zu kollabieren. Und wenn sie überstrapaziert werden, werden Systeme im Bestreben um ihren Selbsterhalt eher ihre Komplexität reduzieren, als sich aufzulösen; sie charakterisieren Erscheinungsbilder, erfinden Begrifflichkeiten, subsumieren sie unter einen Oberbegriff, spalten sie in neue Aufgabenbereiche ab, schaffen Subsysteme und delegieren sie an diese.

Gerade die Unempfindlichkeit („Resilienz") gegenüber Widersprüchlichkeiten zeichnet starke Systeme aus. Heftige Reaktionen hingegen verweisen auf Latenzen, d. h. „blinde Flecken der starken Art" (Fuchs, a. a. O.), sprich: verdeckte Bedeutungsstrukturen, deren *Ent*deckung systemgefährdend sein könnte.

Wie also kann in und mit Systemen selbstbestimmtes Handeln verwirklicht werden?

Die Grundvoraussetzung ist, Systeme zu analysieren und ihre strukturelle Funktionslogik zu erkennen, um ihnen nicht ausgeliefert zu sein. „Voraussetzung für Lernen in und von Systemen ist, dass man in der Lage ist, bestandssichernde Strukturen von solchen zu unterscheiden, die für Varietät freigegeben werden. Dies setzt aber Sicherheit in Bezug auf die eigene Identität (auch die eigene Corporate Identity) voraus." (Zech 1999, S. 81)

Welche Konsequenzen können nun aus dem Wissen über die Funktionslogik von Systemen für Steuerungshandeln in Schulen gezogen werden?

Schule machen!

Wie widersprüchlich es auch im ersten Anlauf erscheinen mag: Gerade das Verstehen der Mächtigkeit von Systemen lässt die Bedeutung und Wirksamkeit der Subjekthaftigkeit und des Subjektseins ermessen.

Das *eigene* und *gemeinsame Thema*, die *Selbstthematisierung*, das *eigene* und das *gemeinsame Wollen* kann Systemgrenzen verschieben, kann auch Systemerschütterungen tragen und die *Offenheit von Prozessen* ertragen. Aus der Reflexion der Wechselseitigkeit von Selbst- und Fremdwahrnehmung (vgl. Kreie 1985) wissen wir, dass es starker individueller Bezüge und Bezugspunkte bedarf, um sich auf Phasen der Verunsicherung einzulassen und in ihnen nicht den Boden unter den Füßen zu verlieren. Selbstvergewisserung durch Spiegelung ist eine wesentliche Voraussetzung für das Risiko, die Offenheit von Prozessen zulassen zu können.

Zwei Beispiele: Weil sich so die Belange des Individuums und jene des Systems als zwei Seiten einer Medaille darstellen, sollen zum Abschluss beide Perspektiven in ihrer Bedingtheit dargestellt werden:

- Mitte der 90er Jahre des 20. Jahrhunderts entdeckte man in Deutschland, ausgehend von Nordrhein-Westfalen, die Schule als Lebensraum, als „Haus des Lernens", und seine Bewohner, die Schülerinnen und Schüler, als Subjekte ihrer Lernentwicklung. Leider geriet dieser wichtige und vernünftige Schritt ins Stocken, noch bevor eine andere große Gruppe von Mietern des Hauses, die Lehrkräfte, in ihrer Subjekthaftigkeit mitgedacht worden war.
- Aus diesem – wenngleich ebenso aus anderen (gesellschafts-)politischen – Gründen blieben die angestrebten Reformen auf halber Strecke stecken und wurden schließlich von PISA und der darauf folgenden neuen Standardisierungskampagne überrollt. Bemerkenswerterweise richtet diese sich zusehends wieder auf eine Vermessung der jungen Menschen, statt eine annähernde Vergleichbarkeit der Bildungsangebote anzustreben und sicherzustellen. Die Föderalismusreform leistet dieser Entwicklung bedauerlicherweise Vorschub und begünstigt den Trend zu den Privatschulen, der das öffentliche Bildungswesen und seine Glaubwürdigkeit zunehmend gefährdet.

„Dem System" ist es also gelungen, seine Unübersichtlichkeit zu wahren oder gar auszuweiten.

Gehen wir nun davon aus, dass nicht nur einzelne Kultusverwaltungen einen Gewinn daraus ziehen, sondern dass das Wirrwarr durchaus dem Schulsystem als Ganzem nützlich ist, müssen wir die Frage nach dem Nutzen (s. o.), dem Gewinn und den Gewinnern stellen. Es ist wie im wirklichen Leben: Lottogewinner bleiben anonym, daher kann nur spekuliert werden. Offensichtlich stoßen wir an die Systemlatenzen.[1] Daher ist es zweckmäßig, die handlungstheoretische Denke von Schule aufrecht zu erhalten: „Schule handlungstheoretisch zu denken, verhindert die Erkenntnis der Differenz der zwei Rationalitäten von Schule: nicht technologisierbare Pädagogik im *Interaktionssystem Unterricht* und technologisierbare Steuerung des *Organisationssystems Schule*." (Zech 1999, S. 81) „Be-

---

1 Wenn man, wie Langer (2008), bildungspolitische Entscheidungen im Kontext globaler Machtinteressen betrachtet, zählen nicht allein Lehrkräfte, Hochschullehrer und Vertreter von Bildungsverwaltungen zum „Fußvolk". Nein, auch Bildungspolitiker haben sich, vermutlich oftmals ohne eigenes Wissen oder Eingeständnis, nicht nur haushalterischen Einschränkungen zu beugen, sondern müssen sich nationalen und internationalen wirtschaftlichen und letztlich machtpolitischen Interessen unterwerfen.

stimmte Systemgesetzlichkeiten geraten aus dieser Perspektive erst gar nicht in den Blick. Man ist ihnen daher umso mehr ausgeliefert." (ders. a. a. O., S. 75)
    Mit der vermeintlichen Gleichwertigkeit, d. h. letztlich Beliebigkeit (vgl. Balgo 2005) unterschiedlicher Systeme entledigt man sich jeglicher Verbindlichkeit und Festlegung und ein jeder kann tun und lassen, was er/sie will. Gezielte Steuerungs- und Entwicklungsprozesse sind unter dieser Maßgabe freilich undenkbar. Den Nutzen tragen also jene, die sich auf nichts festlegen (lassen) wollen – wie ideologisch verbrämt oder nicht auch immer. Die Beliebigkeit scheint in der Logik des Berufsbildes und -standes von Lehrkräften angelegt (vgl. Zech 1999, S. 79 f.).
    Doch sobald Lehrkräfte diese – oder andere – Latenzen aufdecken und die Funktionslogik des Systems gemeinsam erkennen, können sie „eingebaute" Rollenantagonismen überwinden und in Synergien überführen.

- An die Stelle von ängstlichem Misstrauen tritt tragfähiges Vertrauen in die Kompetenzen und Zuverlässigkeit der Kooperationspartner.
- Statt lediglich Rollen zu sehen, die „das System" bedienen, wird das Augenmerk auf Menschen gerichtet, mit denen gemeinsamer Gestaltungswille entfaltet werden kann.
- Statt, wie es die Finanzplaner ohnehin tun (müssen), vordefinierte Bedarfe zu akzeptieren und auch zu bedienen, um an die entsprechenden Töpfe zu kommen, wird nach den Bedürfnissen geschaut, die die Menschen vor Ort haben, und nach Möglichkeiten ihrer entwicklungs- und situationsgerechten Befriedigung gesucht.

Der Weg innerhalb des Ökosystems der eigenen Schule wird frei für eine transparente und rational begründete Sichtweise und Entwicklung von Schule und eine subjekthafte und selbstbestimmte Entwicklung der beteiligten Menschen.

Alles gut wird nie, aber vieles besser!

Literatur

Balgo, Rolf: Konstruktionsbedingungen eines lernfördernden Unterrichts. Welche Perspektiven lassen sich aus einer systemisch-konstruktivistischen Theorie ableiten? In: Das gepfefferte Ferkel. Online-Journal für systemisches Denken und Handeln. Juni 2005 (http://www.ibs-network.de/ferkel/; 12.10.2007).
Braun, Walter (1992): Pädagogik – eine Wissenschaft?! Aufstieg, Verfall, Neubegründung. Weinheim 1992.
Bronfenbrenner, Urie (1976): Ökologische Sozialisationsforschung. Stuttgart.

Bronfenbrenner, Urie (1981): Die Ökologie der menschlichen Entwicklung. Hrsgg. und mit einem Vorwort von Kurt Lüscher. Stuttgart.

Deutsche Kinder- und Jugendstiftung (Hrsg.) (2007): Bildungslandschaften in gemeinschaftlicher Verantwortung gestalten. Grundsatzfragen und Praxisbeispiele. Themenheft 07 der Publikationsreihe im Rahmen des Programms „Ideen für mehr! Ganztägig lernen." Berlin.

Deutsche Kinder- und Jugendstiftung (Hrsg.) (2008a): Öffentlichkeitsarbeit als Impuls zur (Ganztags-)schulentwicklung. Themenheft 09 der Publikationsreihe im Rahmen des Programms „Ideen für mehr! Ganztägig lernen." Berlin.

Deutsche Kinder- und Jugendstiftung (Hrsg.) (2008b): MitWirkung! Themenheft 10 der Publikationsreihe im Rahmen des Programms „Ideen für mehr! Ganztägig lernen." Berlin.

Fuchs, Peter: Behinderung und Soziale Systeme. Anmerkungen zu einem schier unlösbaren Problem. In: Das gepfefferte Ferkel. Online-Journal für systemisches Denken und Handeln, Ausgabe Mai 2002 (http://www.ibs-network.de/ferkel/; 12.09.2007).

Holzkamp, Klaus (1991): Lehren als Lernbehinderung? In: Forum Kritische Psychologie, o. Jg., H. 27, S. 5-22.

Knauer, Sabine (2. Aufl. 2006): Zur (Wieder-)Entdeckung der Lehrer als Subjekte. Subjektiv-wissenschaftliches Plädoyer für einen Tabubruch. In: Rihm, Thomas (Hrsg.): Schulentwicklung. Vom Subjektstandpunkt ausgehen … Wiesbaden, S. 241-256.

Kreie, Gisela: Integrative Kooperation. Weinheim und Basel 1985.

Langer, Roman (2008): Warum haben die PISA gemacht? In: ders. (Hrsg.): „Warum tun die das?" Governanceanalysen zum Steuerungshandeln in der Schulentwicklung. Wiesbaden, S. 49-72.

Malsch, Beatrix (2005): Schulsystem produziert Defizite. In: Bundesverband Deutscher Psychologinnen und Psychologen (Hrsg.): Informationsdienst Psychologie (http://www.bdp-verband.org/bdp/idp/2005-02/04.html; 06..09.2010).

Miller, Alice (1983): Am Anfang war Erziehung. Suhrkamp, Frankfurt am Main.

Mohr, Joachim (2002): Jeden Tag Theater. In: Der Spiegel, 56. Jg., H. 45 v. 11.11.2002.

Shirley, Dennis (2009): Die Musik der Demokratie. Die Entstehung von Strategien für eine neue Ära der Poststandardisierung. In: journal für schulentwicklung, 23. Jg., H. 2, S. 44-59.

Strittmatter, Anton (2001): Bedingungen für die nachhaltige Aufnahme von Neuerungen an Schulen. In: journal für schulentwicklung, 15. Jg., H. 4, S. 58-66.

Zech, Rainer (1999): Schulentwicklung zwischen pädagogischem Anspruch und organisatorischer Verhinderungspraxis. Zur Paradoxie innerer Schulreform in einer institutionalisierten Reformschule. In: Dirks, Una/Hansmann, Wilfried (Hrsg.): Reflexive Lehrerbildung. Fallstudien und Konzepte im Kontext berufsspezifischer Kernprobleme. Weinheim, S. 69-82.

Zinnecker, Jürgen (1975): Der heimliche Lehrplan. Weinheim.

Wie geschieht Fortschritt in hoch entwickelten Systemen mit starken Beharrungskräften?

oder:

Das System ist eine Katastrophe, aber es ist nicht nur schlimm.

Ein Gespräch mit und zwischen Wolfgang Edelstein und Heike Kahl, moderiert von Anja Durdel und Andreas Knoke

Gerechte Verwaltung?

Andreas Knoke: Herr Edelstein, in diesem Buch geht es um ein Thema, von dem wir wissen, dass es Sie schon Jahrzehnte beschäftigt: um demokratisches Miteinander, mit dem Sie sich vor allem mit Blick auf die Persönlichkeitsentwicklung von Kindern, Jugendlichen, Erwachsenen und der Schulentwicklung befasst haben. Unsere These ist, dass auch die Steuerung des Bildungssystems besser gelingen könnte, wenn demokratische Tugenden, ein demokratisches Miteinander stärker zum Tragen kämen. Sind Sie mit der These einverstanden?

Wolfgang Edelstein: Ja, natürlich, mit dieser These kann man nur einverstanden sein. Aber man muss sich natürlich fragen, was das bedeutet, was also in diesem Falle normativ Geltung beansprucht. Steuerung ist ja in der Regel etwas, was nicht über Mitbestimmung läuft, sondern über Verwaltungsrationalität. Das ist eines der großen Probleme des deutschen Schulsystems, dass es vor allem ein verwaltetes System ist. Das deutsche Schulsystem wurde als mustergültiges Verwaltungssystem von oben entsprechend der Perspektive und der Ordnung des preußischen Staates gestaltet. Fast wäre ich verführt zu sagen, mustergültig korrekt oder gerecht. Aber die Ansprüche an das System haben sich seither geändert, was das System selbst überhaupt nicht zu verantworten hatte. Vordringlich geworden sind beispielsweise soziale und demokratische Kompetenzen – nichts, wofür der preußische Staat eingestanden wäre. Und das ist eben das große Problem, dass wir sozusagen ein preußisches Schulsystem haben, das konservative Strukturen akkumuliert hat, während wir alles andere brauchen als gerade das. Und da gibt es einen Systemkonflikt, einen Verwaltungskonflikt, einen Organisationskonflikt zwischen Funktion und vergangener Positivität bzw. der vergangenen Ordnungsmacht, die freilich bereits 1918 versagte. Dieser Konflikt ist ungelöst.

Heike Kahl: Du sagst damit auch, dass schon sehr frühzeitig die Vorzüge, die aus dieser Arbeitsteilung und Spezialisierung der Verwaltung hätten hervorgehen können, aufgegeben worden sind. Für mich ist ein ganz wichtiger Punkt, dass die Verwaltung tatsächlich eigentlich einen Anspruch hat, gerecht zu sein.

Wolfgang Edelstein: Korrekt zu sein.

Heike Kahl: Ich sage, gerecht zu sein. Sie hat den Anspruch, gerecht im Sinne von nachvollziehbar zu sein, weil sie ja mit Mitteln des Steuerzahlers umgeht.

Wolfgang Edelstein: Du redest von dem gegenwärtigen System.

Heike Kahl: Ja. In diesem System passiert nun aber durch den Gerechtigkeitsfanatismus, der sich in Zuständigkeiten widerspiegelt, das genaue Gegenteil: Es entsteht ein Gerechtigkeitsvakuum. Genau dort, wo die Verwaltung elementar ihren Grundsätzen folgt, entsteht das größte Gerechtigkeitsvakuum in dem Moment, wenn die Kinder an den Bruchstellen von unterschiedlichen Zuständigkeiten durchfallen. Das ist für mich ein ganz zentraler Punkt, wenn man über Demokratie und über Steuerung redet: Steuerung ist an sich kein Wert, sondern sie wird erst durch einen Zielbezug wertvoll. Und diese zielbezogene Steuerung, die eine gemeinsame sein müsste, passiert in den Verwaltungen weitgehend nicht mehr. Dabei ist Verwaltung an sich ja gar nicht unsinnig, sondern könnte ein Regulativ bilden, an dem man sich reibt.

Wolfgang Edelstein: Also, ich bin überrascht. Für mich ist das insofern eine neue Blickrichtung, als ich Verwaltung, Verwaltungskompetenz oder Verwaltungsordnungen nicht unbedingt als Gerechtigkeit, sondern nur in ganz besonderen Zusammenhängen als an Gerechtigkeitsnormen gebunden wahrnehme. Sie ist vor allem ein Funktionalitätskriterium, das in der Tat auf Korrektheit und Einklagbarkeit zielt. Das deutsche System ist extrem präzise und penibel in Bezug auf die Überprüfbarkeit von Verwaltung. Es wird eben nicht einfach über Macht verwaltet, wie das in vielen europäischen Ländern der Fall ist, sondern über ein sehr ausgebautes Rechtssystem, das aber nicht unbedingt Gerechtigkeitsideale hat, sondern eben Überprüfbarkeits-, Verlässlichkeits-, Funktionalitätsperspektiven. Und an der Stelle ist das System in hohem Maße kritisierbar geworden, weil wir natürlich Normen entwickeln für die Beurteilung des Systems, die nicht unbedingt die Normen des Systems sind. Deswegen gibt es Widersprüche. Das System kann unter dem Gesichtspunkt des Verwaltungsrechts noch so gut verwaltet und trotzdem dysfunktional sein. Das ist die grundlegende Erfahrung, die wir mit Schulreform machen: Es ist außerordentlich schwer, auf das System so einzuwirken, dass es den normativ gewünschten Zielparametern einer funktional erprobten und realisierbaren Gerechtigkeit entspricht.

Heike Kahl: Das, was ich mit Verteilungsgerechtigkeit meine, widerspricht deinem Funktionalitätsbegriff überhaupt nicht. Wenn man gerade im Bildungsbereich über Steuerung redet, dann findet Steuerung über Funktionalität statt, aber auch über Machtansprüche und über Geld. Und das Geld wird verteilt nach scheinbaren Gerechtigkeitskriterien, die im Grunde genommen deinem Funktionalitätskriterium entsprechen.

Wolfgang Edelstein: Ja, du hast völlig recht.

Heike Kahl: Das Kriterium, nach dem Geld verteilt wird, lautet dann zum Beispiel Anzahl der Hartz-IV-Empfänger, ohne danach zu fragen, wer empfängt es, für welche Bedürfnisse und mit welcher Wirkung. Du sprichst von Funktionalität. Es gibt ja auch ein Schild, das die Verwaltung vorweg trägt und das nennt sich Professionalität. Sie unterstellt, dass sie durch professionalisierte Arbeitsteilung besser in der Lage ist, Aufgaben zu erfüllen, als andere das können. Und das führt mich als Stiftungsfrau zu dem Gedanken, dass ein Teil der Steuerung auf die Reproduktion der eigenen Macht gerichtet ist, was keinen Raum für zielbezogene, auf die Bedürfnisse der Menschen gerichtete Steuerung lässt. Ihre Professionalität zielt dann nicht auf die Sache, sondern darauf zu erhalten, was da ist.

Wolfgang Edelstein: Reproduktion des Systems.

Heike Kahl: Reproduktion des Systems und nicht die Offenheit zu sagen, woran es mangelt.

Bewegliche und starre Systeme

Wolfgang Edelstein: Ich finde das sehr einleuchtend und vergleiche es gerade mit meiner Erfahrung in anderen Systemen. Da scheint es Unterschiede zu geben. Es gibt Systeme, die systematisch ihre eigene Funktionalität beobachten. Skandinavien, Schweden, zum Beispiel, das ja auch in der preußischen Schule der Verwaltung gelernt hat. In den 60er, 70er Jahren des 20. Jahrhunderts haben die Schweden sich sehr angestrengt, ihr preußisches System, das auch auf Korrektheit, Präzision und Gerechtigkeit ausgelegt war, mit Elementen zu verändern, die die Selbstveränderung des Systems zum Teil des Systems machten. In Island haben wir mit der Perspektive, die damals von der OECD vermittelt wurde, das System mit Elementen eines change managements angereichert. Ein Teil des Ministeriums hatte eine Reflexionsintention, die darauf zielte, das Ministerium in Hinsicht auf seine Funktion und seine Aufgaben zu verändern. Und da gab es dann eine Forschungs- und Entwicklungsabteilung des Ministeriums mit einer partiellen Autonomie gegenüber der Verwaltungsabteilung, mit direktem Zugang zum Minister und zum Ministerialdirektor. Alles sehr spannend, ich durfte das mit entwickeln. Wir konnten dann auch Vorschläge dazu machen, wie die Schulstatistik geändert werden muss, so dass sie einerseits wissenschaftlich auf dem OECD-Niveau funktioniert, aber andererseits in Kooperation mit Psychologen systematisch darüber nachgedacht werden konnte, welche Bedürfnisse Schüler, Eltern, Lehrer, Lehrerbildung haben. Wir haben dann auch eine Lehrerbildungsreform eingeleitet. Das war natürlich eine Zeit allgemeiner Änderungen, man braucht da immer historische Umwelten. In den 60ern, 70ern war es ein historischer Glücksfall, dass in dieser Akkumulationsphase in Island eine Industriewelt entstand und relativ viel Geld auf eine aufgeklärte, OECD-abhängige Konzeption traf und so eine aufgeklärte Perspektive auf Funktionen und Entwicklungen des Bildungssystems entstand. Das war, wie ich heute sehe, eigentlich nur in einem anderen Land wirklich maßgeblich auch so, und das war in Kanada.

Anja Durdel: Du beschreibst gerade am Beispiel Island etwas, was mich an unsere Ausgangsthese erinnert (vgl. Schaubild S. 13). Regelungs- und Leistungsstrukturen richten sich an vier Dimensionen aus: Zwei davon kennen wir in Deutschland sehr gut, das sind Effizienz und Effektivität. Zwei gibt es, nämlich guter Stil, Aushandlungsstil, einerseits und Evidenz, also die Qualität der Ziele, anderseits, die unserer Meinung nach in Deutschland nicht beherrscht werden – anders als in Island. Oder? Habt ihr im deutschen Bildungssystem mal erlebt, dass gut über Ziele verhandelt wurde?

Wolfgang Edelstein: Also da muss man schon sehr angestrengt nachdenken. Aus meiner Sicht ist Deutschland ja besonders belastet. Vielleicht muss man auch gerechterweise die Systemkomplexität betrachten. Nicht von ungefähr haben wir 2006 diese Verfassungsänderung 91b gekriegt, also den Bund ausschließen, Autonomie in den Ländern. Nehmen wir mal die Zeit davor, Kooperation zwischen dem Bund und ursprünglich 13, heute 16 Ländern, das ist schon eine unerhörte Komplexität. Wir haben die KMK und die stellt gemeinsame Ziele heraus, aber handelt faktisch Kompromisslösungen auf der verbalen Ebene aus. Da müssten wir jetzt darüber nachdenken, was eigentlich Realisierung, Aktivierung, Mobilisierung, Motivierung bedeutet im Fortgang erstens von Ideen in diese KMK hinein, und zweitens nach Beschlüssen aus der KMK heraus. Wir müssten bis in die Verwaltungen der einzelnen Länder oder dann schon in die Kommunen und die Schulbezirke schauen. Und das sind außerordentlich komplexe Systeme, in denen so etwas wie Verhandlungskompetenz, Aushandlungskompetenz, normative Diskurse, neben den von Heike gerade erwähnten verwaltungsinternen und durchaus ehrenwerten Gesichtspunkten der Korrektheit, der Gerechtigkeit, der Angemessenheit, der Einklagbarkeit zu suchen wären. Da bleibt in dem ungeheuer schwerfälligen System wenig Spielraum.

Andreas Knoke: Aber heißt das, unser Ansatz, dass die Verwaltungsmenschen vernünftiger miteinander umgehen sollten, ist nicht so klug, weil es eigentlich zuerst darum gehen muss, die Komplexität des Systems zu reduzieren?

Wolfgang Edelstein: Aber sie haben doch gar keine Chance.

Heike Kahl: Das ist die Frage. In dem Programm der Deutschen Kinder- und Jugendstiftung „Staat und Stiftung und Kooperation" ist ja eine der wichtigsten Erkenntnisse, dass zunächst einmal riesengroße Vorurteile und Misstrauen vorherrschen, die quasi vorgelagert sind vor dem Willen, in den Diskurs zu treten. Unsere Rollen basieren auf Bildern. Zum Beispiel: Stiftungen sind arrogant und nicht demokratisch, weil nicht gewählt. Und auf der anderen Seite: Verwaltungen sind langweilig und mit allem stigmatisiert, was wir hier gerade beschrieben haben. In den Gesprächen zu „Staat und Stiftungen" ist deutlich geworden, dass wir mit mehr konkretem Wissen übereinander und der Einsicht, dass Vertrauen etwas anderes ist als die Abwesenheit von Misstrauen, gemeinsam mehr erreichen könnten. Aber dann denke ich wieder: In jeder Verwaltung trifft man auf vernünftige, kluge Leute. Und ich frage mich, warum auch sie Teil des maroden Systems werden und dessen Trägheiten aufnehmen, statt change management zu betreiben.

Der Mensch mit seinen Ängsten

Wolfgang Edelstein: Ich denke, ihr seid zu technisch in dieser Argumentation. Verbal akzeptieren ja alle die Notwendigkeit von change management. Seitdem die OECD das aufgenommen hat, gibt es keine Verwaltung in Deutschland, die sich dem verbal entziehen würde: Wir brauchen das, da gibt es Konsens, wir müssen das System weiter entwickeln, es muss leistungsfähiger sein, wir haben die OECD-Kompetenzen. Aber de facto sind das alles verbale und nicht reale Motivationen. Ich glaube nicht, dass die Leute darauf aus sind, das zu unterlaufen. Das System selber und die jeweiligen systemimmanenten Kriterien von Funktionalität, Gerechtigkeit, Korrektheit usw. erzeugen eine ungeheure Trägheit gegenüber dem, was eigentlich nötig ist. Nämlich normativ orientierte Diskurse darüber, was wir wollen und wie wir es wollen können und wie wir das, was wir wollen, gegen die Trägheiten des Systems, von denen ich – der Verwalter – selber ein Teil bin, ich als nachdenklicher und überlegter Mensch, wie man das durchsetzen kann. Das zu erbringen ist eine Leistung, die normalerweise eine Revolution erzeugt und voraussetzt, dass ich aus meinen Rollenzwängen herauskomme. Ich müsste also eine Form von Selbsttranszendenz erreichen, die mich selber und meine Rolle und die Definition meiner Tätigkeit und die Definition des Systems so weit in Frage zu stellen in der Lage wäre, dass ich auf mich von außen blicken kann und meine Kooperationsverhältnisse von außen sehen kann. Das ist enorm schwierig.

Heike Kahl: Es ist enorm schwierig. Aber wenn wir auf die Trägheit des Systems setzen, müssen wir fragen, welches die Gründe für die Trägheit des Systems sind. Du sagst, rhetorisch haben alle das Verständnis und sagen: Ja, wir brauchen das. Vielleicht ist das die Oberfläche. Aber darunter liegt doch bei den Menschen ein ganz klares Bewusstsein davon, dass sie an ihrem Platz eingesetzt wurden, um das Richtige zu tun. Und dass sie Mandate und Macht und Kontrolle haben.

Wolfgang Edelstein: Viele wollen das, viele würden es sich wünschen, aber sie haben gleichzeitig unglaubliche Ängste. Müssen sie das verantworten, wenn es schief läuft?

Heike Kahl: Ganz genau.

Anja Durdel: Sie fragen zuerst, wer einen Kopf kürzer gemacht wird, wenn was schief läuft?

Heike Kahl: Genau, das ist das Zweite, das ich sagen wollte. Das eine ist sozusagen ein ausgeprägtes Machtbewusstsein. Ich kann intervenieren, ich kann einfach bestimmen, dass etwas nicht stattfindet. Und gleichzeitig gibt es aber die Angst, in dem System quasi nach Systemkriterien zu versagen.

Wolfgang Edelstein: ... zu versagen, wenn jemand kommt und einklagt, dass ihm oder seiner Sache nicht das Angemessene, also nicht das Recht, die Gerechtigkeit widerfahren ist, die er erwarten durfte. Wer ist dann verantwortlich? Ich meine, dieses System hat ein ganz starkes Selbstkorrektiv durch konservative Erhaltung. Außerdem gibt es natürlich auch politische oder andere Interessen. Wir haben zum Beispiel in Hamburg gesehen, wie eine progressive Bildungsverwaltung durch den Volksentscheid gegen die Primarschulreform bestraft wurde. Worüber wir uns unterhalten, ist die Frage: Wie geschieht Fortschritt in hoch entwickelten Systemen mit starken Beharrungskräften? Ich musste ziemlich alt werden, um mit der hinreichenden Ruhe und ohne Empörung im Bauch überhaupt das System analytisch betrachten zu können. Wir müssen uns überlegen, das fände ich sehr wichtig, wie wir dazu kommen, normative Perspektiven und deren Wandel argumentativ ohne Krieg so zur Diskussion zu stellen, dass es einen normativen Konsens geben kann. Dabei sollten Stiftungen wie die Deutsche Kinder- und Jugendstiftung eine wichtige Rolle spielen.

Heike Kahl: Du hast die KMK angesprochen. Sie ist nachweislich nicht der Körper, der zum normativen Konsens beitragen kann, einfach weil sie gezwungen ist, immerzu im Weichspülgang alle Argumente so weit zu behandeln, bis sie stromlinienförmig durch ein Nadelöhr passen. Sie stellt also die Reproduktionsschleifen der Verwaltung gar nicht in Frage. Und dann kommen wir tatsächlich zu der Frage, welche Leistung Stiftungen an dieser Stelle erbringen können. Du hast gesagt, wir diskutieren technisch. Dabei verbirgt sich hinter dem technischen oder analytischen Blick ein Hauch Subversion: Wir wollen Korridore öffnen, die, so kontraproduktiv es auch erscheint, Vertrauen stiften. Ich glaube, das ist eine Rolle, die als Korrektiv notwendig ist, weil sich sonst alle ständig nur arbeitsteilig mit der Aufgabe konfrontieren, zwischen Lebenswelten, Bildungswelten und Verwaltungswelten zu trennen und diese dann einfach nicht mehr zusammen kriegen. So entsteht das Gefühl eines überkomplexen Systems. Es gibt ja ein Querschnittsreferat in faktisch jeder Verwaltung, und trotzdem gibt es keine Schnittstellen mehr. Wir als Stiftung versuchen, durch einen halbsubversiven Korridor Vertrauensstrukturen neu zu bilden, indem wir zwischen unterschiedlichen Interessen, Nöten und Ressourcen vermitteln und dabei optimistisch und lösungsorientiert an den Sachen bleiben. An dieser Stelle können Stiftungen eine Unmenge tun. Wir kennen in unserer Arbeit durchaus Politiker, die sagen, dass sie ohne Stiftungen wie die Deutsche Kinder- und Jugendstiftung ihre Verwaltung nicht optimiert kriegen.

Der Mensch mit seiner Gestaltungslust

Andreas Knoke: Heike, du bist die Geschäftsführerin der Deutschen Kinder- und Jugendstiftung. Ich will sie nicht vergleichen mit einer Verwaltung, aber auch in dieser Stiftung gibt es festgelegte Handlungswege, Entscheidungsrituale und Vorgaben, wie Prozesse gesteuert werden. Es gibt eine ausgeprägte Steuerungsstruktur bis hinein in ihre regionalen Dependancen, die einer Verwaltung nicht ganz unähnlich ist. Wie kommt es, dass es hier eine sehr hohe Bereitschaft gibt, Verantwortung zu übernehmen und Entscheidungen zu treffen, die wir in der Verwaltung so vermissen? Was ist der Unterschied?

Wolfgang Edelstein: Ihr habt eine ganz andere Mitarbeiterselektion.

Heike Kahl: Abgesehen von der Selektion ist, glaube ich, entscheidend, dass wir auf jeder Ebene des Handelns in der Stiftung eigene Gestaltungsräume haben, die von jedem Einzelnen, der das will, gefüllt werden können. Du arbeitest nichts ab. Hier in der Stiftung sind Menschen, die gestalten und dafür auch die Verantwortung übernehmen wollen.

Wolfgang Edelstein: Und so auch rekrutiert werden.

Heike Kahl: Und so rekrutiert werden oder auch wieder weggehen, wenn sie dieses nicht auszufüllen schaffen. Viele Menschen wollen gestalten, manche wollen es nicht. Die es nicht wollen, arbeiten hier nicht. Und das zweite Besondere ist die Konstitution der Stiftung selbst: Wir sind darauf angewiesen, in den Themen und in den Feldern, in denen wir uns aufhalten, tatsächlich innovativ zu sein. Nun ist innovativ ein idiotisches Wort. Aber die dahinter liegende Idee, Seismograph zu sein und den Finger genau in die Wunde zu legen, trifft es schon: Das müssen wir immer wieder schaffen, sonst würden wir mit dieser Stiftung keine Wirkung haben und letztlich auch keine Gelder bekommen.

Wolfgang Edelstein: Ich meine, das Wort innovativ ist schon sehr wichtig. Gerade mit historischem, systemischem, soziologischem Blick bekommen wir ein gutes Verständnis für das, was sich dahinter versteckt. Innovativ ist zwar heute eine Allerweltsfloskel, die vor allem auf Märkte und Industrien bezogen wird, die innovativ sind, um mehr vom selben zu kriegen oder Kapital, die Profitrate zu maximieren. Dafür schlagen sie technisch andere Gangarten an. Innovativ in unserem institutionellen Bildungskontext heißt dagegen, partiell Einsicht darin zu haben, wie viel von dem, was gültig ist, zur Verfügung, zur Disposition gestellt werden darf, ohne dabei die Substanz dessen infrage zu stellen, was erhaltenswert ist. Und das ist eine ganz komplizierte, weitreichende, individuelle Psychologien und soziale Systeme unter Handlungszwang stellende Definition. Innovativ sein ist ein ganz hoher Anspruch. Ihn einzulösen ist eine Institution wie eine Stiftung mit Freiheiten und mit Ressourcen in ganz anderer Weise ausgestattet als eine staatliche Verwaltung. In der staatlichen Verwaltung ist der Begriff innovativ in der Regel ein Schwindel. Innerhalb der Verwaltungen gibt es wenige systematische Andockstellen für solche Beratung oder Diskurse über normative Festlegungen, die auf Wandel zielen.

Heike Kahl: Ich würde gerne noch einmal auf die Frage von Andreas zurückkommen. Ich glaube, es sind noch andere Kriterien, nach denen Stiftung und Verwaltung sich voneinander unterscheiden. Dazu gehört die gemeinsame, also partizipative Entwicklung von Lösungen. Wenn man sich im Gegenzug eine Verwaltung vorstellt, dann sitzen da zwei Leute an einem Programm. Wenn sie es aufgeschrieben haben, ist es da. Das ist dann der Referentenentwurf. In der Stiftung entsteht die Relevanz dagegen erst durch partizipative Prozesse, nach denen gilt, was aus der Sicht vieler stimmig ist. Und noch eine weitere Besonderheit ist die Tatsache, dass unsere Stiftung gerade nicht mit finanziellen Ressourcen ausgestattet ist. Du hast gesagt, wir sind mit Ressourcen ausgestattet. Wir sind vielleicht mit intellektuellen Ressourcen ausgestattet, die ein wichtiger Faktor sind. Das Fehlen materieller Ressourcen ist bei uns jedoch ein weiteres dynamisierendes Element für Innovation.

Andreas Knoke: Die Länder klagen ja auch über fehlende Ressourcen.

Wolfgang Edelstein: Nein, nein, das gilt eben nicht für die fertigen, für die systemischen Verwaltungen. Ressourcenmangel ist dort die generelle Entschuldigung dafür, überhaupt nichts zu tun.

Heike Kahl: Ja, das ist das, was ich sage. Und bei uns ist es umgekehrt.

Reform von oben oder von unten?

Anja Durdel: Ich würde gern von euch wissen, ob ihr eher auf Top-down- oder auf Bottom-up-Veränderungen setzt. Wolfgang, mit dem isländischen Beispiel hast du gezeigt, dass dort eine Innovationsagentur unter besonderen historischen Bedingungen in einem Ministerium selbst funktioniert hat. In Deutschland gibt es die Diskussion, dass wir, wenn wir Veränderungen im Bildungssystem wollen, den Schulen selbst die größtmögliche Autonomie geben sollten. Brauchen wir nicht oben nur die Verwalter, die sagen, wir geben euch einen Raum und wir schützen und bewahren das, wo es nötig ist, damit nicht das Chaos ausbricht?

Heike Kahl: Ohne dafür Spezialistin zu sein: In unserem Ganztagsprogramm und in den Programmen zur Gestaltung von Bildungslandschaften lernen wir, dass mehr Schulautonomie der richtige Weg ist. Aber Schulautonomie funktioniert nicht allein, sondern nur mit qualitativer Begleitung. Die Schulen wissen zwar viel, haben aber zum Beispiel zu viele Schwierigkeiten im Prozessmanagement, als dass man sie einfach ins Wasser werfen könnte nach dem Motto „geh unter oder werde eine gute Schule". Es braucht Vermittlungsprozesse, die durchaus von zivilgesellschaftlichen Institutionen ausgehen können. Denn wir wissen auch, dass in der Regel die Lehrerbildungsinstitute denselben Logiken folgen wie Verwaltungen. Das ist das Erste. Das Zweite ist, dass Schulen, wenn sie autonom sein sollen, auch ausgestattet werden müssen mit Möglichkeiten, autonom zu handeln und nicht nur den Mangel zu verwalten. Solange der Schulleiter nicht entscheiden kann, mit welchem Kollegium er arbeitet, und sagen kann: „Peter Müller, deine Ergebnisse als Lehrer sind mangelhaft. Du hast jetzt ein Jahr Zeit, dich auf den Hosenboden zu setzen, und hier sind alle Hilfsinstrumente, die du brauchst, und dann nächstes Jahr gucken wir uns das Ganze noch mal an, aber wenn du nicht lernen kannst, wenn du nicht unseren Intentionen folgen kannst, dann wirst du hier nicht mehr Lehrer sein". Also wenn man sozusagen nicht eigene Steuerungsinstrumente hat, diese nicht beigebracht bekommt, dann gibt es keine Autonomie.

Wolfgang Edelstein: Also man kann es kaum besser sagen als Heike, ich bin vollkommen ihrer Meinung. Ich bin ja meiner eigenen Tradition nach ein Verfechter sozial organisierter Reformen, ich komme aus Skandinavien. In Skandinavien haben wir sozusagen einen permeablen Staat, in den, wie vorhin beschrieben, spezifische Elemente der Innovationsbereitschaft und der Innovationsoffenheit eingebaut worden sind. Es entsteht dadurch ein Apparat, der sich selbst überwindend, sich selbst transzendierend innovativ sein kann. Das sind tempi passati. Das sehe ich nirgends mehr außer in Kanada und in Kanada ist es genauso, wie Heike gerade beschrieben hat. Um Schulleiter zu werden, musst du in Kanada, ich rede jetzt nur von Toronto, ein Schulleiterstudium absolvieren. Wenn ich mich um die Leitung einer Schule bewerbe, muss ich die entsprechende Ausbildung haben, und ich kann in der Universität eben einen Master in Schulleitung machen. Und dieser Master beinhaltet nicht zuletzt, sondern sogar zuerst Schulentwicklungsprozesse. Und natürlich haben kanadische Schulen nicht die Zuweisung von Lehrern, sondern Rekrutierungschancen. Und sie haben eine Lehrerausbildung, über die man reden kann. All das fehlt uns für entsprechende Analogien in Deutschland. Unserer Lehrerbildung gegenüber kann man jedenfalls nur skeptisch sein. Früher, zum Beispiel in meiner Zeit an der Odenwaldschule, war ich der Meinung, dass man Veränderung auf politischem Wege erreichen muss. Ich habe diese Meinung aufgegeben, jedenfalls für Deutschland, weil ich nicht mehr daran glaube, dass unter den von uns diskutierten Bedingungen systemische Änderungen möglich sind. Die Alternative ist eine Schulreform von innen, von unten und innen.

Heike Kahl: Ich möchte auch eine Geschichte erzählen, die schon länger her ist. Sie handelt von meiner immerhin zweijährigen Arbeit in einem Referat für Schulentwicklungsplanung im Berliner Senat. Ich habe mich immer darüber gewundert, dass unter Schulentwicklungsplanung dreierlei verstanden worden ist: Für wie viele Kinder gibt es wie viele Lehrer? Eine rein technische Angelegenheit. Wie viele Stunden Sozialarbeit gehören in die Grundschule? Und wie teuer darf ein Atlas in der Grundschule sein? Das waren reine Ressourcen verwaltende, betriebswirtschaftliche Aufgaben, während ich gedacht hatte, Schulentwicklung habe was mit Entwicklung zu tun. Mit diesem technokratischen Ansatz wurde zum Beispiel ein Nachdenken über neue Bildungsinhalte verhindert, die sich eben nicht auf Wissensvermittlung reduzieren, sondern auf Kompetenzentwicklung beziehen.

Wolfgang Edelstein: Wir haben dazu noch eine Lehrerbildung, die gegen Veränderung arbeitet. Wir müssen mit Leuten arbeiten, deren Bewusstsein nur im Ausnahmefall auf Entwicklungen orientiert ist. Im Normalfall, also solange die Änderungen nicht begonnen haben und kein äußerer Zwang auf sie als Individuen eingeht, handeln innerhalb der Basissysteme konservative, selbsterhaltende Gruppen. Und wir haben kein Palliativ dagegen. Wir können nicht die change agents in die Schulen rekrutieren. Wir haben die Macht nicht.

Müssen, Wollen, Können

Andreas Knoke: Aber es gibt doch einige Schulen, die unter den gegebenen Bedingungen die Spielräume für Autonomie nutzen. Und wir haben viele, die zuerkannte Autonomie nicht nutzen würden. Wie kommen wir aus dem Kreislauf heraus, dass Lehrkräfte Kompetenzen nicht erwerben, die sie brauchten, um Autonomie ausfüllen zu können, weil sie erst darauf warten, die Autonomie zu bekommen, die sie brauchten, um diese Kompetenzen anzuwenden? Es steht zum Beispiel nirgendwo, dass Schulen im 45-Minuten-Takt funktionieren müssen. Es steht da auch nicht, dass sie es nicht müssen. Die meisten Schulen sind aber im 45 Minuten Takt organisiert. Wie kommen wir da heraus?

Heike Kahl: Man muss ihnen die Legitimationsfassaden wegnehmen. Du musst sozusagen das Fenster aufmachen und sagen, „du kannst dich nicht damit legitimieren, dass du dies und jenes vorgeblich nicht darfst, sondern nur mit dem, was du tust".

Wolfgang Edelstein: Aber das ist wichtig, Heike, ich finde, man muss auf Andreas Knoke antworten. Es ist ein aporetisches System, es ist eine Aporie und da kann es nur entweder über zufällige Begegnungen, fast evangelisch, im gnädigen Moment gelingen oder mit Kämpfen darum, an ganz bestimmten Variablen Änderungen herbeizuführen. Da brauchen wir die Lehrerbildung, noch mal, noch mal, noch mal. Vielleicht geht es auch über Eltern.

Anja Durdel: Ich nehme mal nicht die technokratische, sondern bewusst die naive Brille und frage: Ist es vielleicht so, dass eine gute Schulleiterin oder eine gute Lehrerin dadurch in Bewegung kommt, dass sie nah an den Bildungsprozessen und Ergebnissen der Arbeit mit Kindern und Jugendlichen ist – näher als ein Schulrat? Sie beobachtet, wie das Kind lesen lernt und mutiger wird. Ist nicht die Reformkraft im Bildungswesen in Schulen, also unten, am größten, weil die dicht am Kind sind?

Wolfgang Edelstein: Aber die andere Hälfte der Leute sieht die Kinder auch jeden Tag und wird gestärkt in ihrer Konservativität, in ihrer Trägheit, in ihrer Erhaltung. Sie sehen zum Beispiel nur, dass die Kinder nicht begabt sind.

Anja Durdel: Meine Frage ist, woher kommt die Motivation?

Heike Kahl: Ein Motivationsfaktor ist, glaube ich, Not, Handlungsnot, Handlungsdruck. Wir kennen Schulen, da standen Lehrer vor der Frage, entlassen zu werden oder die Schule zu schließen und ganz woanders hin zu kommen, in einen anderen Stadtteil. Wenn man fragt, woher die Motivation kommt, würde ich sagen, sie kommt aus besonders großem Handlungsdruck. Wenn es dann Lehrer gibt, die nicht aufgegeben haben, sondern noch was wollen, entsteht Reform. Und das zweite ist, dass sie an irgendeiner Ecke Unterstützung erfahren, die ihnen den Mut gibt, diese Prozesse in Gang zu setzen. Die kann von Stiftungen kommen, das kann aber auch ein Bürgermeister sein, das kann eine aktive Elternschaft sein. Anton Strittmatter spricht von der Triade Müssen, Wollen und Können, die immer zusammen auftreten muss: Der Handlungsdruck muss da sein, die Motivation und die Kompetenz, etwas zu verändern.

Anja Durdel: Wenn wir uns die tollen Schulen in der Bundesrepublik anschauen, die Blick-über-den-Zaun-Schulen oder die Schulpreis-Schulen, dann fällt auf, dass die es alle geschafft haben, ihre Schulen aus der Sicht der Kinder zu entwickeln. Auf unserem Ganztagsschulkongress hat sich eine Schulleiterin hingestellt und Folgendes gesagt: „Wir haben beim Umbau unserer Schule gegen die Bauaufsicht dafür kämpfen müssen, dass die Glasscheiben, mit denen Lernbereiche abgegrenzt wurden, so tief nach unten gesetzt worden sind, dass sich die Kinder gegenseitig sehen können." Und dann erscheint ein Leuchten auf ihrem Gesicht. Das ist keine Not, sondern Leidenschaft für eine gute Arbeit.

Wolfgang Edelstein: Das ist individuell.

Anja Durdel: Das ist individuell, aber wie kommen wir denn da ran? Wir haben gesagt, wir machen ein leidenschaftliches, fröhliches Buch über einen großen Leidensdruck, den es in dieser Gesellschaft gibt. Also: Wie kommen wir dahin, statt verhaftet zu bleiben in dieser großen Verbissenheit in unseren Erzählungen von der Not? Kriegen wir die Schulreform auch freudvoller gedacht oder ist das schon wieder eine naive Frage?

Heike Kahl: Ich glaube, man darf an der Stelle nicht naiv sein und sagen, die Freude stellt sich einfach her, weil fröhliche Menschen da sind und sagen, das packen wir schon mal an. Ich finde, dass der Antrieb, der durch Handlungsdruck und durch die persönliche Reflexion entsteht, eine wichtige Kraft ist. Und die kippt dann irgendwann um in die gute Erfahrung, selbst etwas verändern zu können. Bei den neuen Ganztagsschulen haben wir zu Beginn von den Lehrern oft gehört, dass die Ganztagsschule zunächst als zusätzliche Belastung empfunden wurde. Und dann haben sie zunehmend von einem Gefühl von Entlastung und weniger Gehetztsein gesprochen. Ich will jetzt nicht mit Karl Marx argumentieren, aber du musst erst eine Anhäufung haben von etwas, bis die Möglichkeit für einen Umschlag da ist. Und dann kann es auch fröhlich werden. Alle, die uns ihre Beispiele erzählen, erzählen nicht, dass sie immerzu fröhlich waren, sondern sie haben sich diese Fröhlichkeit erobert durch die Bereitschaft, sich einzubringen in einen Prozess, zu sagen, so wollen wir nicht weitermachen.

Anja Durdel: Vielleicht hat die Fröhlichkeit auch etwas mit Professionalisierung zu tun? So wie Wolfgang aus Kanada beschreibt: Ich mache mich als neuer Schulleiter nicht unglücklich, indem ich blindlings in die neue Überforderungssituation stolpere. Ich mache mich erst einmal fit.

Wolfgang Edelstein: Wir müssen das System verstehen, um diese Bedingungen überhaupt konstruktiv ordnen und organisieren zu können. Wir dürfen nicht vergessen: In jedem anderen Land werden Lehrer ausgebildet in Konfrontation mit allen Kindern. Die haben die ganze Variabilität vor sich. Was ist bei uns der Fall? Wir haben in der Regel eine gymnasial erzogene Lehrerschaft, die mit einem kleinen Ausschnitt von maximal einem Drittel der Population konfrontiert gewesen sind. Die werden nicht durch Grunderfahrungen im Umgang mit einem Abbild der Gesellschaft konfrontiert und sie werden nicht zehn Jahre sozusagen in einem gemeinsamen Raum der Kindheit, der Jugend und des Lernens zusammen gehalten. Sie werden deswegen nicht wie selbstverständlich mit einer Berufsperspektive konfrontiert, die sich auf alle bezieht, sondern wir haben eine hoch spezialisierte, fachbezogene Schullehrerpopulation, die für gemeinsames Handeln professionell überhaupt nicht vorbereitet ist. Überlegt mal, was das für eure Arbeit bedeutet. Ihr habt nicht die Gesprächspartner, die eine kanadische Stiftung oder eine isländische Stiftung hat, mit Lehrern, die wie selbstverständlich das Kind vor den Augen haben. Sie haben nicht Kinder vor den Augen, sondern sie haben Gymnasialschüler vor den Augen oder Hauptschüler oder Sonderschüler oder Realschüler.

Heike Kahl: Meine These ist, dass es einen Handlungsdruck geben muss, damit ein Umschlag passieren kann. Aber auch da braucht es Anregung von außen. Ich erzähle mal ein Beispiel aus unserem Programm Kultur.Forscher!. Da haben alle gesagt, Kultur sei kein ordentlicher Gegenstand von Forschung, forschendes Lernen passe auf die kulturelle Bildung nicht. Wir haben uns dieses Experiment trotzdem zugetraut und die Erfahrung gemacht, dass in den Schulen die Pädagogen – auch solche, die gedacht haben, das geht alles überhaupt nicht – plötzlich in einen Sog von Entwicklung und Träumen und von Gar-nicht-wieder-loslassen-Wollen kamen, weil sie in eine für sie neue, für alle offene Situation gekommen sind. Es braucht also Anregungspotenziale. Wenn du immerzu im eigenen Saft der Negativität schmorst, dann kommst du da alleine nicht raus.

Wolfgang Edelstein: Es gibt allerdings eine Bedingung, unter der so etwas überhaupt erst möglich wird: Das ist die Autonomie der Schule. In dem Augenblick, wo sie gegeben ist, können solche Prozesse stattfinden.

Heike Kahl: Die Schulen, mit denen wir arbeiten, sind nicht autonom. Sie sind ganz normale Schulen, denen nur niemand verbietet, sich zu verändern. Sie reizen ihre Spielräume aus.

Andreas Knoke: Ich hänge immer noch an der Frage, was Veränderungen an Schulen befördert. In der Stiftungsarbeit erleben wir, dass es manchmal ausreicht hinzuschauen, wertschätzend, anerkennend auf eine Schule zu schauen, damit dort Entwicklungen initiiert werden, weil sich da jemand interessiert. Wir haben in der Bundesrepublik die Schulaufsicht, deren originäre Aufgabe es ist hinzu-schauen. Der von uns für dieses Buch befragte Vertreter der Schulaufsicht sagte auch, dass er einen ganz veränderten Auftrag habe: keinen kontrollierenden, sondern einen unterstützenden. Aber die Schulaufsicht scheint von den Schulen immer noch anders wahrgenommen zu werden: Die Rollenänderung, die sie sich selbst verschrieben hat, kommt nicht an. Wenn es also nicht reicht, nur die ei-gene Rolle zu ändern, was muss getan werden, dass die angedachte neue Rolle wahrgenommen wird?

Heike Kahl: Na, das muss doch eine Ursache haben, dass jemand in seiner neuen Rolle nicht wahrgenommen wird. Es reicht nicht, dass du sagst, ich habe mein Bild verändert, jetzt müssen die anderen das nur mal wahrnehmen. Sie müssen dann auch so handeln, nämlich partizipativ und kooperativ.

Wolfgang Edelstein: Wir brauchen die Trias Anerkennung, Selbstwirksamkeit und Verantwortung. Gegenseitige Anerkennung ist eine vollkommen unge-wöhnliche Erfahrung in der Verwaltung. Selbstwirksamkeit, das heißt das eigene Handeln als *positiv*, Anja sagte vorhin *freudvoll*, wahrzunehmen, auch wenn es kostet. Das ist nicht so einfach. Und Verantwortung erwächst aus Selbstwirk-samkeit. Verantwortung zu übernehmen und gleichzeitig diese Verantwortung wieder als Steigerung und nicht als Lähmung der Selbstwirksamkeit zu begrei-fen, ist ein Prozess der psychologischen Korrelate von Handeln. Und wir sind in unserem Verwaltungssystem nicht handlungsbezogen sozialisiert, sondern ge-horsamsbezogen.

Heike Kahl: Der Begriff Reflexion fehlt noch. Wir haben Wissen, dass so-zusagen Veränderung beim Schulkind oder beim Kind nur ankommt, wenn du das Handeln reflektierst.

Andreas Knoke: Wir reden viel über das System und wissen gleichzeitig, dass im Grunde Pädagogik ein dialogischer Prozess zwischen zwei Menschen oder innerhalb einer Gruppe von Menschen ist. Welche Rolle spielt das System für die Qualität der Bildung an Schulen? Ist es nicht auch ein Scheinmanöver, dass wir so viel über die Verwaltungsstrukturen und über die Qualität von Schulverwaltung sprechen, in der Hoffnung, wir verbessern damit die Schulen?

Heike Kahl: In unserer Stiftungsarbeit sind wir genau wegen der Scheingefechte davon abgekommen, an den Strukturen herumzudoktern. Wir arbeiten direkt mit Schulen und über diese Arbeit holen wir die Steuerungs- und Verwal-tungsakteure mit an den Tisch. Wir arbeiten über die Sachthemen an der Verbes-serung des Systems.

Wolfgang Edelstein: Wenn man so alt ist wie ich, dann fängt man an, einen historischen Blick darauf zu werfen. Da muss man sagen, das System ist die Katastrophe in Deutschland. Aber andererseits ist das System natürlich auch wieder eine Rettung. Das System setzt sehr hohe Standards. Es ist eine Katastrophe, weil es Fortschritte verhindert, sozial ungerecht ist und durch seine selektiven Strukturen Kinderrechte verletzt. Es ist mittlerweile eines der wenigen Systeme, das als System kinderrechtswidrige Festlegungen hat. Aber man muss ja doch den relativistischen Blick so weit kultivieren, dass man sieht, dass dieses System mit seinen Trägheiten auch Qualitäten produziert, für die manche andere Systeme einiges geben würden. Es ist nicht so, dass es nur schlecht ist. Es ist eine Katastrophe, aber es ist nicht nur schlimm.

Anja Durdel: Vielen Dank für dieses Gespräch.

Die Autorinnen und Autoren

Prof. Dr. Herbert Altrichter, Johannes-Kepler-Universität Linz, Institut für Pädagogik und Psychologie; herbert.altrichter@jku.at

Peter Bleckmann, Deutsche Kinder- und Jugendstiftung, Fachbereich „Bildungspartner vernetzen"; peter.bleckmann@dkjs.de

Dr. Anja Durdel, Deutsche Kinder- und Jugendstiftung, Abteilung „Programme und Kommunikation"; anja.durdel@dkjs.de

Prof. em. Dr. Wolfgang Edelstein, Max-Planck-Institut für Bildungsforschung; edelstein@mpib-berlin.mpg.de

Dörte Feiß, Behörde für Schule und Berufsbildung Hamburg, Projekt „Ganztägige Bildung und Betreuung an Schulen" (GBS); Doerte.Feiss@bsb.hamburg.de

Helmut Hochschild, Senatsverwaltung für Bildung, Wissenschaften und Forschung Berlin, 1. Schulpraktisches Seminar Lichtenberg; HelmutHochschild@web.de

Jens Hoffsommer, Deutsche Kinder- und Jugendstiftung, Regionalstelle Sachsen; jens.hoffsommer@dkjs.de

Dr. Heike Kahl, Deutsche Kinder- und Jugendstiftung, Geschäftsführerin; info@dkjs.de

Dr. Sabine Knauer, Grundschul-, Sonder- und Sozialpädagogin, Bildungsberaterin; zip@kiwif.de

Andreas Knoke, Deutsche Kinder- und Jugendstiftung, Fachbereich „Kita und Schule gestalten"; andreas.knoke@dkjs.de

Hans-Werner Schäfer, Behörde für Schule und Berufsbildung Hamburg, Strategisch-konzeptionelle Aufgaben des Bildungswesens – Regionale Bildungskonferenzen; Hans-Werner.Schaefer@bsb.hamburg.de

Maren Wichmann, Deutsche Kinder- und Jugendstiftung, Programm „Ideen für mehr! Ganztägig lernen."; maren.wichmann@dkjs.de

Michael Wilmes, Senatsverwaltung für Bildung, Wissenschaft und Forschung, IT Kompetenzzentrum und Projekt eGovernment@School; michael.wilmes@senbwf.berlin.de

VS Forschung | VS Research
Neu im Programm Erziehungswissenschaft